LE LIVRE DE GÉOGRAPHIE
POUR LES ENFANTS CURIEUX

LA PETITE ENCYCLOPÉDIE

©2024 Éditions Jenna Smith. Tous droits réservés. Aucune partie de ce livre ne peut être reproduite et distribuée sans la permission écrite de l'éditeur.

INTRODUCTION

Découvre le monde comme tu ne l'as jamais vu ! Cette encyclopédie de géographie est spécialement conçue pour les jeunes explorateurs de 6 à 10 ans. À travers ses pages riches en images et en informations passionnantes, tu vas partir à l'aventure autour de la Terre.

Apprends tout sur les continents, les océans, les villes incroyables et les pays lointains. Explore les montagnes les plus hautes, les déserts les plus chauds et les jungles les plus mystérieuses.

De l'Égypte à l'Australie, de la Grande Muraille de Chine à la Grande Barrière de corail, ce livre est ton billet pour un voyage autour du monde sans quitter ton fauteuil.

La géographie devient un jeu passionnant ! Ce livre va élargir ta curiosité et te faire rêver. C'est un guide indispensable pour les jeunes explorateurs en herbe.

Alors, prêt(e) pour une aventure géographique incroyable ?

Jenna Smith

SOMMAIRE

LES CONTINENTS .... PAGES 7-8
L'EUROPE .... PAGES 9-10
L'AFRIQUE .... PAGES 11-12
L'AMÉRIQUE .... PAGES 13-14
L'ASIE .... PAGES 15-16
L'OCÉANIE .... PAGES 17-18
LES PAYS EMBLÉMATIQUES .... PAGES 19-20
FRANCE .... PAGE 21
RUSSIE .... PAGE 22
ESPAGNE .... PAGE 23
AUSTRALIE .... PAGE 24
BRÉSIL .... PAGE 25
ÉTATS-UNIS .... PAGE 26
ALGÉRIE .... PAGE 27
ÉGYPTE .... PAGE 28
JAPON .... PAGE 29
CHINE .... PAGE 30
LES VILLES EMBLÉMATIQUES .... PAGES 31-32
PARIS .... PAGE 33
ROME .... PAGE 34
PÉKIN .... PAGE 35
NEW YORK .... PAGE 36
TOKYO .... PAGE 37
LONDRES .... PAGE 38
BOMBAY .... PAGE 39
LE CAIRE .... PAGE 40

SOMMAIRE

MERVEILLES DU MONDE .... **PAGES 41-42**
LA GRANDE MURAILLE .... **PAGE 43**
HIMALAYA .... **PAGE 44**
LE GRAND CANYON .... **PAGE 45**
BARRIÈRE DE CORAIL .... **PAGE 46**
LE SAHARA .... **PAGE 47**
AMAZONIE .... **PAGE 48**
CLIMAT ET ÉCOSYSTÈME .... **PAGES 49-50**
DÉSERTS .... **PAGE 51**
FORÊTS .... **PAGE 52**
BANQUISES .... **PAGE 53**
MONTAGNES .... **PAGE 54**
OCÉANS .... **PAGE 55**
FLEUVES .... **PAGE 56**
CULTURE .... **PAGES 57-58**
TRADITION .... **PAGE 59**
CUISINE .... **PAGE 60**
LANGUE .... **PAGE 61**
RELIGION .... **PAGE 62**
FAITS ÉTONNANTS .... **PAGES 63-64**
FAITS ÉTONNANTS 1 ET 2 .... **PAGE 65**
FAITS ÉTONNANTS 2 ET 3 .... **PAGE 66**
FAITS ÉTONNANTS 4 ET 5 .... **PAGE 67**
FAITS ÉTONNANTS 6 ET 7 .... **PAGE 68**
FAITS ÉTONNANTS 7 ET 8 .... **PAGE 69**
CONCLUSION .... **PAGE 70**

LES CONTINENTS

Commençons notre voyage à travers le monde par les continents. Saviez-vous que le globe terrestre est composé de deux parties principales : les océans et les continents ? Les continents, de grandes étendues de terre, sont ce que l'on appelle les "terres émergées". C'est là que résident les hommes. Ces étendues sont entourées par les océans, qui les séparent les uns des autres.

Il y a des milliards d'années, bien avant l'ère des dinosaures, il n'existait qu'un seul continent sur Terre : la Pangée. Avec le temps et les mouvements des plaques tectoniques, les continents se sont progressivement éloignés les uns des autres, et ce processus se poursuit encore aujourd'hui, car les continents continuent de bouger.

Dans cette partie, nous allons explorer les cinq continents habités de notre planète et découvrir les particularités de ces vastes étendues de terre. Nous verrons les pays, les villes, nous découvrirons les langues, les religions et tout ce qu'il faut savoir. La Terre compte six continents : l'Europe, l'Asie, l'Afrique, l'Amérique, l'Océanie et l'Antarctique, ce dernier étant une grande étendue de glace inhabitée que nous n'étudierons pas.

Attachez vos ceintures, car nous sommes prêts pour le décollage !

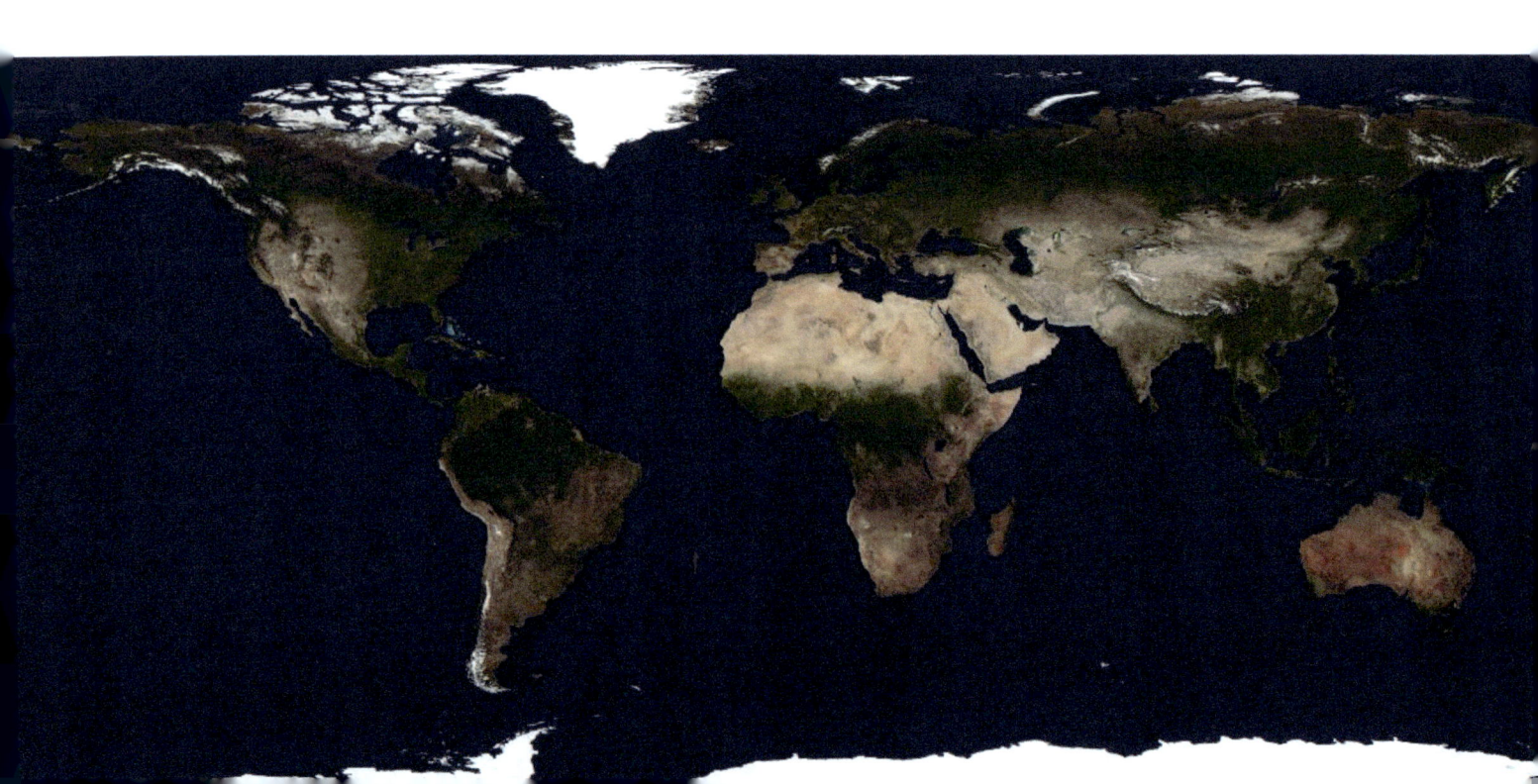

EUROPE
ASIE
AMÉRIQUE
AFRIQUE
OCÉANIE

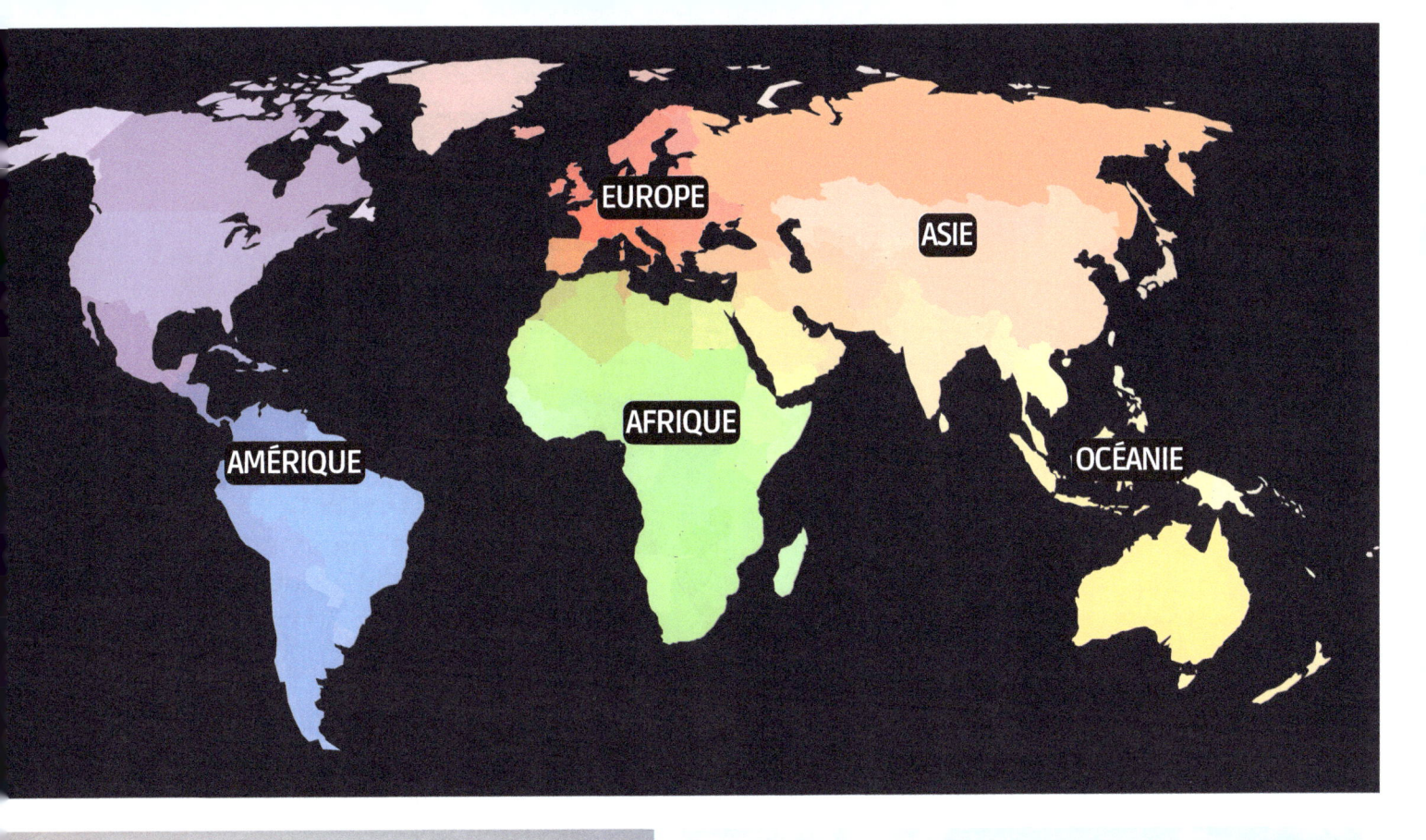

CONTINENT

L'EUROPE

ENCORE APPELÉE LE VIEUX CONTINENT, L'EUROPE EST LE DEUXIÈME PLUS PETIT CONTINENT DU GLOBE TERRESTRE. C'EST AUSSI L'UN DES CONTINENTS LES PLUS RICHES DU MONDE.

ORIGINE

Le mot "Europe" proviendrait de "Ereb", qui signifie "couchant" en langue phénicienne, en référence au coucher du soleil. Pendant des années, ce terme a été utilisé pour désigner la Grèce continentale. À partir du VIIIe siècle, à l'époque des Carolingiens, le mot "Europe" servait à désigner tous les territoires qui n'étaient pas sous la domination des musulmans ni de l'empire byzantin. Le nom a commencé à être utilisé pour désigner tout le continent à partir du XVIe siècle.

GÉOGRAPHIE

L'Europe compte 50 pays, tous indépendants, à l'exception de Gibraltar. Sa superficie est de 10 180 000 km², tandis que sa population avoisine les 743 millions d'habitants. Son point le plus élevé est l'Elbrouz, qui culmine à 5 643 m. Il est situé en Russie, dans le nord du Caucase. C'est un volcan qui a connu quelques éruptions il y a de nombreuses années. Le réseau hydrographique européen est dense. par exemple, le fleuve Danube, qui prend sa source en Allemagne, traverse une dizaine de pays du continent, dont l'Ukraine, la Roumanie, la Croatie et la Serbie.

HISTOIRE

L'histoire de l'Europe débute avec la civilisation mycénienne, il y a 3 500 ans. Elle est marquée par une succession de civilisations, qui ont chacune laissé une empreinte sur leur époque. C'est le cas des civilisations grecques et romaines qui ont rayonné pendant l'Antiquité. La suite de l'histoire européenne est marquée par des guerres internes et des mouvements de révolution. Pour assurer leur développement, les États européens se lancent alors dans la conquête de territoires dans le reste du monde.

LA VILLE DE MOSCOU

Moscou, la capitale de la Russie, est la plus grande ville d'Europe. C'est une belle ville qui compte environ 10 millions d'habitants. La ville de Moscou abrite le Kremlin, siège de la présidence russe. On y découvre également de splendides palais et des églises orthodoxes magnifiques, construites et surchargées de dorures, qui attirent beaucoup de touristes. C'est aussi dans cette ville que se trouve la place Rouge, lieu célèbre des défilés militaires.

LE VATICAN

Le Vatican, ou Saint-Siège, présente une particularité. C'est un État indépendant situé à l'intérieur même de Rome, la capitale italienne. Il est gouverné par le Pape, qui est aussi le chef de l'Église catholique. Le Vatican possède sa propre armée, appelée la Garde suisse pontificale, qui s'occupe de la sécurité du Pape et du Vatican. Quatre langues y sont parlées au quotidien : le latin, l'italien, l'allemand et le français.

RELIGION

En Europe, la religion dominante est le christianisme, d'où sont issus le protestantisme, le catholicisme et l'orthodoxie. D'autres religions, telles que l'islam, le judaïsme et le bouddhisme, sont également présentes sur le territoire.

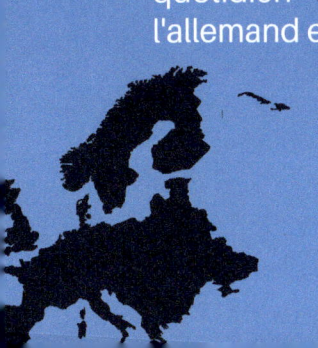

CONTINENT

L'AFRIQUE

L'AFRIQUE EST SITUÉE AU SUD DE L'EUROPE. C'EST UN CONTINENT TRÈS PEUPLÉ ET RICHE EN RESSOURCES NATURELLES. IL COUVRE ENVIRON 6 % DE LA SURFACE DE LA TERRE.

GÉOGRAPHIE

Avec une superficie totale de 30 415 873 km², l'Afrique est le troisième plus vaste continent, après l'Asie et l'Amérique. Sa population dépasse 1,3 milliard d'habitants, ce qui en fait le deuxième continent le plus peuplé au monde. Sa population représente environ 17 % de la population mondiale. L'Afrique compte 54 pays.

LES PYRAMIDES

Vestiges de l'Égypte antique, les pyramides sont des monuments de forme géométrique. Elles ont été construites il y a environ 4 500 ans par les pharaons, les rois d'Égypte, et leur servaient de tombes. Parmi les plus célèbres, on peut citer les pyramides de Gizeh.

BERCEAU DE L'HUMANITÉ

L'Afrique est appelée le "berceau de l'humanité". En effet, selon les théories les plus récentes, c'est sur ce continent que l'Homo sapiens serait apparu, il y a environ 160 000 ans. Ce qui appuie cette affirmation est la découverte, en Afrique de l'Est, des plus vieux squelettes humains comme par exemple celui de "Lucy". Cette découverte a été réalisée par une équipe de scientifiques français en 1974.

ESCLAVAGE

Pendant environ quatre cents ans, l'Afrique a connu la traite négrière. Il s'agissait du commerce d'hommes noirs, vendus comme esclaves en Amérique par les Européens. Ces derniers étaient envoyés pour travailler dans les plantations de café et de coton, entre autres. La France a aboli la traite esclavagiste en 1848.

LE CAIRE, LA GRANDE VILLE

Le Caire est la capitale de l'Égypte. C'est la plus grande ville du continent en termes de superficie, et c'est ici que se trouvent les fameuses pyramides de Gizeh. Elle est aussi la deuxième ville la plus peuplée en Afrique, derrière Lagos, au Nigeria. Cette ville est bâtie au bord du Nil, le plus long fleuve du continent et le second plus long fleuve du monde

VARIÉTÉS

L'Afrique comprend plusieurs régions aux caractéristiques différentes. L'Afrique du Nord, ou Maghreb, est composée de populations arabes, dont les traits sont proches des Européens. L'Afrique subsaharienne, ou Afrique noire, est composée de populations ayant principalement la peau noire. Cette partie est plus peuplée que le reste du continent. Dans cette région, les températures sont très élevées presque toute l'année.

RELIGION

En Afrique, les deux religions majoritaires sont l'islam et le christianisme. La religion officielle de la plupart des pays du Maghreb, l'islam, est pratiquée en majorité au nord. Dans le reste du continent, c'est le christianisme qui est plus principalement retrouvé. Beaucoup de personnes pratiquent également des religions plus traditionnelles.

CONTINENT : L'AMÉRIQUE

L'AMÉRIQUE EST UN CONTINENT QUI S'ÉTEND DU NORD AU SUD ENTRE LES DEUX HÉMISPHÈRES. IL EST ENTIÈREMENT CERNÉ PAR LES OCÉANS ATLANTIQUE, PACIFIQUE ET ARCTIQUE.

PEUPLEMENT

Durant l'ère glaciaire, les premiers hommes à avoir peuplé l'Amérique seraient venus d'Asie, passant par l'actuelle Sibérie et le détroit de Béring. Après cette période et la fonte des glaces, ne pouvant plus retourner en Asie, ils sont restés en Amérique. Suite à la redécouverte du continent en 1492 par Christophe Colomb, les Espagnols, les Français, les Anglais et les Portugais, entre autres, ont alors colonisé les peuples autochtones, les Amérindiens.

GÉOGRAPHIE

Le continent s'étend sur une superficie de 42 437 680 km², ce qui en fait le deuxième continent le plus vaste après l'Asie. Sa population actuelle dépasse le milliard de personnes. L'Amérique est divisée en trois sous-continents : l'Amérique du Nord, l'Amérique centrale et l'Amérique du Sud, également connue sous le nom d'Amérique latine. Au centre du continent, on trouve un archipel en forme d'arc de cercle, appelé les Antilles. Le mont Aconcagua, situé en Argentine, est le point culminant du continent, avec une altitude de 6 962 m.

HISTOIRE

Après la découverte du Nouveau monde, les Européens s'installèrent sur ce territoire, riche en matières premières et propice à l'agriculture. Ainsi, les Français et les Anglais s'installèrent dans le nord du continent. En Amérique centrale, les Espagnols, les Anglais et les Français occupèrent également certains territoires. Enfin, le sud fut occupé par les Espagnols et les Portugais. Le commerce des esclaves, et leur culture a laissé de nombreuses marques.

NEW YORK

Située dans le nord-est des États-Unis, la ville de New York est la plus peuplée d'Amérique, avec ses 22 millions d'habitants. C'est dans cette ville que se trouve le siège de l'Organisation des Nations Unies. Cette ville est une plaque tournante de nombreuses activités dans le monde. Elle est également appelée *Big Apple*, ce qui signifie "grosse pomme", ou encore *The city that never sleeps*, c'est-à-dire "la ville qui ne dort jamais".

REDÉCOUVERTE

En 1492, quand Christophe Colomb pose le pied sur le continent, il croit arriver en Inde. Mais en vérité, c'est plutôt Amérigo Vespucci, l'explorateur espagnol, qui a été le premier à se rendre compte qu'il s'agissait d'un monde nouveau. C'est donc grâce à lui que le continent a été nommé "Amérique".

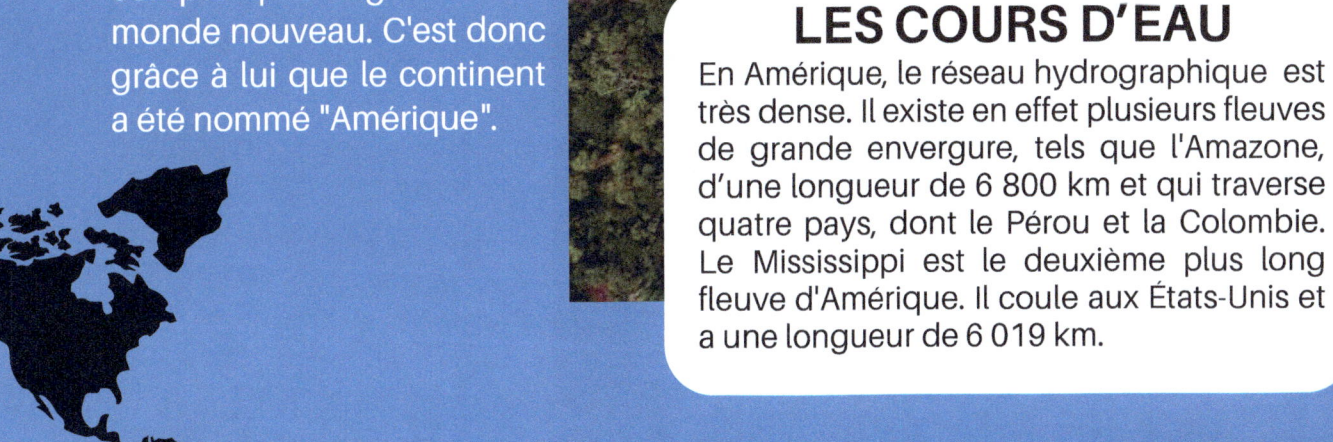

LES COURS D'EAU

En Amérique, le réseau hydrographique est très dense. Il existe en effet plusieurs fleuves de grande envergure, tels que l'Amazone, d'une longueur de 6 800 km et qui traverse quatre pays, dont le Pérou et la Colombie. Le Mississippi est le deuxième plus long fleuve d'Amérique. Il coule aux États-Unis et a une longueur de 6 019 km.

CONTINENT : L'ASIE

CONTINENT LE PLUS PEUPLÉ DU MONDE, L'ASIE EST ÉGALEMENT LE CONTINENT LE PLUS ÉTENDU. IL EST SITUÉ JUSTE À CÔTÉ DE L'EUROPE, À L'EST. L'ASIE COMPTE 49 PAYS EN TOUT.

UN GRAND CONTINENT

L'Asie est le plus grand continent. Sa superficie est de 43 810 582 km². Elle compte aussi le plus grand nombre de population avec 4,3 milliards d'habitants, ce qui représente plus de la moitié de la population mondiale. Elle représente 8,6 % de la surface totale de la Terre.

RELIGIONS

Plusieurs grandes religions sont pratiquées en Asie. Parmi elles, nous avons le bouddhisme, le confucianisme, l'hindouisme, l'islam, le christianisme, le judaïsme, le shintoïsme, et bien d'autres encore.

TOKYO, LA PLUS GRANDE

Avec ses 42 millions d'habitants, Tokyo, la capitale du Japon, est la plus grande ville du continent. C'est une grande métropole dans laquelle vivent des personnes de différentes nationalités. Véritable centre économique mondial, Tokyo abrite de nombreux centres scientifiques et technologiques. Plusieurs industries de renom y sont installées et la ville est reconnue comme le centre des technologies en robotique. À Tokyo, des centaines d'immeubles imposants se dressent partout.

HISTOIRE

Certains pays du continent asiatique ont été colonisés. Mais l'histoire retient que ces colonies sont parmi les premières au monde à avoir accédé à l'indépendance grâce à leur leader. Parmi eux, on peut citer Mohandas Gandhi et Jawaharlal Nehru en Inde, Hatta et Sukarno en Indonésie ou encore, Ho Chi Minh au Viêt Nam. D'autres pays asiatiques n'ont jamais été colonisés, comme la Thaïlande. D'autre part, la Corée du Nord et le Japon n'ont jamais été colonisés par une puissance européenne.

GÉOGRAPHIE

C'est sur le continent asiatique que se trouve le plus haut sommet du monde. En effet, le mont Everest culmine à 8 849 m. C'est également sur ce même continent que se situe le Burj Khalifa, la plus haute tour du monde. Ce gratte-ciel est situé à Dubaï, aux Émirats arabes unis.

LE DALAÏ LAMA, UN CHEF SPIRITUEL

Pour les Tibétains, le dalaï Lama est le chef spirituel le plus élevé. C'est un moine bouddhiste de l'école des Gelugpas, l'une des quatre écoles du bouddhisme. Depuis le XVIIe siècle, il est également le chef du gouvernement du Tibet, une région autonome située en République populaire de Chine. L'actuel dalaï Lama, qui est aussi chef du gouvernement tibétain, est le 14e du nom. Né en 1935, son vrai nom est Tenzin Gyatso. Il vit actuellement en exil en Inde et a reçu le prix Nobel de la paix en 1989.

LANGUE

Le mandarin, langue officielle de la Chine, est la langue la plus répandue en Asie. Elle est parlée par environ un milliard de personnes. L'hindi est également une langue assez répandue en Asie. C'est la langue officielle de l'Inde, parlée par plus de 400 millions de personnes.

CONTINENT

L'OCÉANIE

SITUÉE DANS L'OCÉAN PACIFIQUE, L'OCÉANIE EST LE PLUS PETIT DE TOUS LES CONTINENTS. ELLE EST ESSENTIELLEMENT COMPOSÉE D'ÎLES ET EST MOINS PEUPLÉE QUE LES AUTRES CONTINENTS.

GÉOGRAPHIE

L'Océanie s'étend sur un peu plus de 8 millions de km² et compte plus de 50 millions d'habitants. Elle regroupe une partie de l'archipel malais, ainsi que les terres situées entre l'Asie et l'Amérique. L'Océanie comprend quatre grandes régions : l'Australasie, la Mélanésie, la Micronésie et la Polynésie, réparties en 16 pays et 15 territoires.

L'AUSTRALIE

L'Australie représente la plus grande partie du continent océanique et plus de la moitié de sa population. C'est une ancienne colonie britannique. Aujourd'hui, l'Australie est une monarchie constitutionnelle parlementaire fédérale.

HISTOIRE

Le peuplement de l'Océanie s'est réalisé en deux vagues migratoires. Tout d'abord, ce sont les chasseurs-cueilleurs, il y a 45 000 à 50 000 ans, qui ont peuplé la région, suivis, environ 40 000 ans plus tard, par les agriculteurs et les navigateurs. Le continent a été colonisé à partir de la fin du XVIIIe siècle, avec l'installation successive de l'Espagne, du Portugal, de l'Angleterre, de la France, des États-Unis, de l'Allemagne et du Japon. Aujourd'hui encore, le processus de décolonisation se poursuit pour certains archipels.

À SAVOIR

En Océanie, seules l'Australie et la Nouvelle-Zélande sont des nations développées et indépendantes. Bien qu'ils soient développés, les autres pays, comme la Nouvelle-Calédonie, la Polynésie française et Hawaï n'ont pas encore obtenu leur souveraineté et restent sous la domination des puissances occidentales. L'Océanie est un continent riche en matières premières, telles que l'or, le zinc, le fer et le nickel. La pêche et l'agriculture sont également des activités très pratiquées sur le continent.

LE KANGOUROU

Le kangourou, symbole national, est un animal typique du continent océanien que l'on retrouve essentiellement en Australie. Il est également présent dans les forêts tropicales montagneuses de Papouasie-Nouvelle-Guinée et de Nouvelle-Guinée occidentale. Environ cinquante millions de kangourous vivent sur ce continent.

SYDNEY

Située en Australie, Sydney est la ville la plus peuplée de tout le continent océanien. Elle a été fondée en 1788 par le capitaine britannique Arthur Philip, qui avait l'intention d'en faire un lieu de peuplement pour les prisonniers. La ville s'est développée grâce à la découverte de gisements d'or dans l'État de Victoria, voisin de Sydney. Aujourd'hui, la ville est devenue le cœur de l'économie australienne et de tout le continent. De nombreux édifices y ont été construits, notamment la World Tower et la Sydney Tower.

LES ABORIGÈNES

Les Aborigènes sont les premiers habitants à s'être installés en Australie, ce sont les peuples autochtones du pays. Aujourd'hui, ils sont répartis dans diverses régions du territoire et sont actifs dans de nombreux secteurs de la société australienne.

LES PAYS

Bienvenue dans la deuxième étape de notre aventure autour du monde !

Après avoir exploré les continents, nous allons maintenant plonger dans le monde fascinant des pays. Chaque pays est comme une pièce d'un grand puzzle qui forme notre planète. Chacun possède son histoire, ses propres traditions, paysages et langues.

Dans cette section, nous allons voyager de pays en pays, découvrant des lieux incroyables et apprenant des choses étonnantes. Saviez-vous, par exemple, que la France est célèbre pour sa tour Eiffel scintillante et ses délicieux croissants ? Ou que l'Australie est le foyer de kangourous bondissants et de la Grande Barrière de corail ?

Nous ferons également escale en Russie, où les hivers sont très longs et très froids ; en Espagne, connue pour ses danses flamenco passionnées et en Égypte, terre des pharaons et des pyramides mystérieuses. Chaque pays a quelque chose d'unique à offrir, des coutumes fascinantes à partager et des paysages à couper le souffle à découvrir.

Préparez-vous à être émerveillés par les diversités culturelles, les merveilles naturelles et les trésors historiques de chaque pays. Mettez vos chaussures de marche, prenez votre carte du monde et laissons notre curiosité nous guider à travers cette incroyable mosaïque !

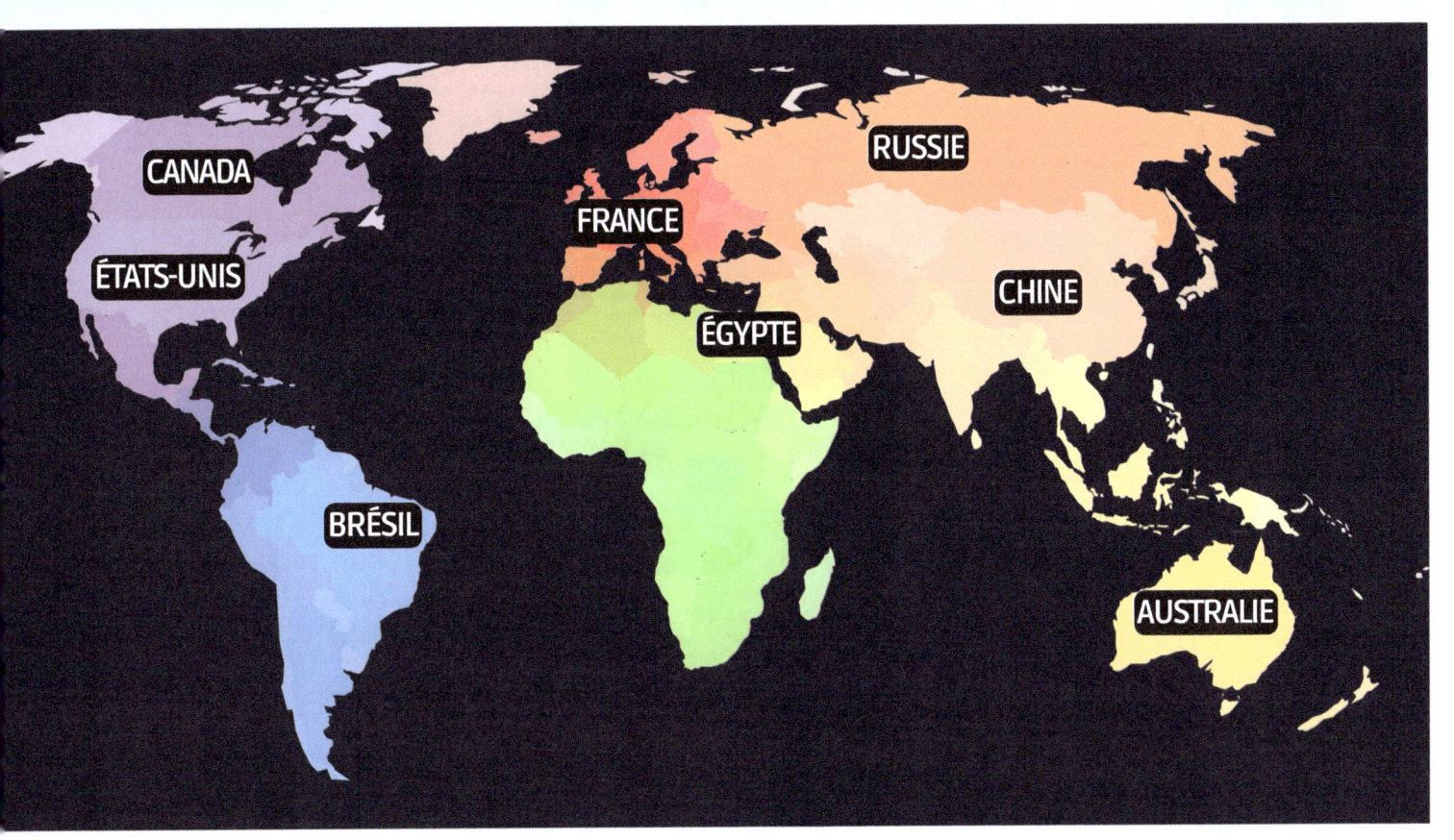

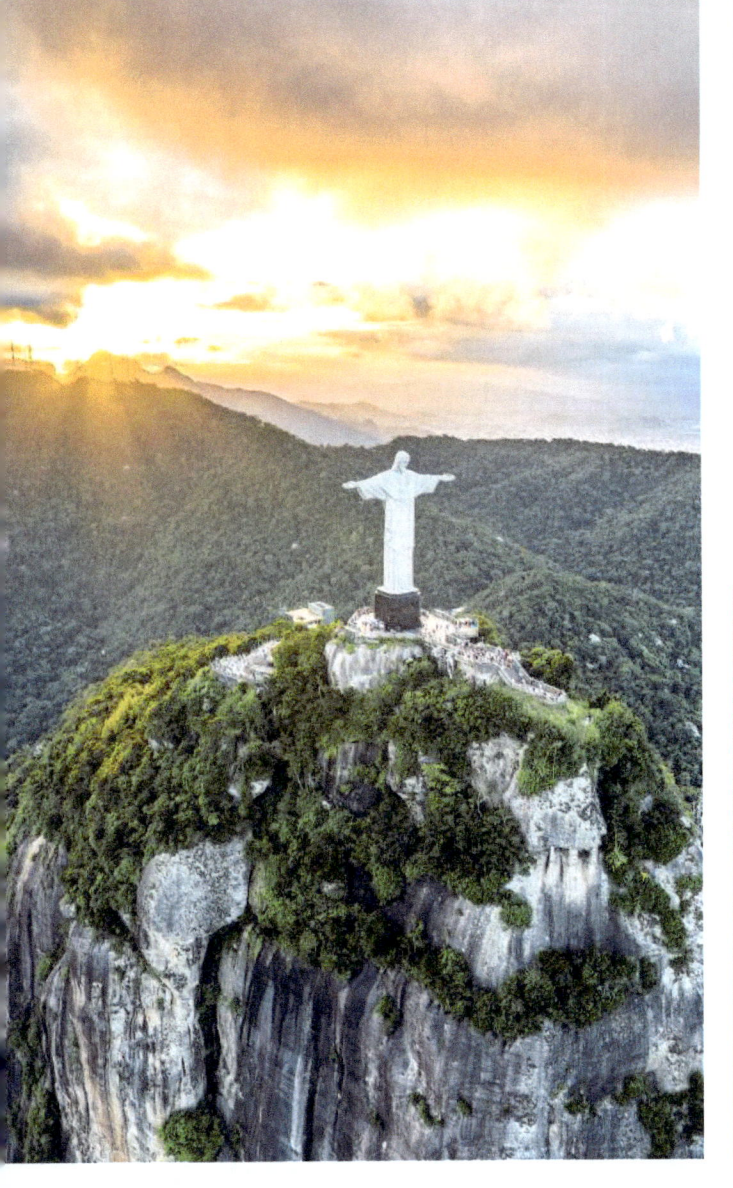

CANADA
ÉTATS-UNIS
BRÉSIL
FRANCE
ÉGYPTE
RUSSIE
CHINE
AUSTRALIE

PAYS

FRANCE

SIXIÈME PUISSANCE ÉCONOMIQUE D'EUROPE, LA FRANCE ATTIRE DES MILLIONS DE TOURISTES CHAQUE ANNÉE. C'EST UN PAYS RICHE DE SA CULTURE, DE SON HISTOIRE ET DE SA DIVERSITÉ.

GÉOGRAPHIE

La France est située à l'ouest de l'Europe. Elle possède également plusieurs autres territoires répartis dans le monde, tels que la Polynésie française et la Guadeloupe. C'est un pays où le sport est très développé. En effet, elle occupe une place importante dans de nombreuses disciplines sportives lors des compétitions internationales.

GASTRONOMIE

La cuisine française, réputée pour sa variété, est célèbre dans le monde entier. Grâce à une agriculture très développée, elle offre de nombreux vins prisés et une grande variété de fromages. Parmi les plats préférés des Français figurent la quiche lorraine et la choucroute, entre autres.

PARIS, LA VILLE LUMIÈRE

Capitale de la France, Paris est une ville qui attire des millions de touristes chaque année. Elle séduit par ses édifices imposants à l'architecture originale, tels que la tour Eiffel, la place de la Concorde, divers musées et cathédrales, ainsi que ses magnifiques jardins datant de l'époque royale. À Paris, les endroits les plus visités incluent la tour Eiffel, le musée du Louvre et Disneyland.

RUSSIE

PAYS

PLUS VASTE PAYS DU MONDE, LA RUSSIE EST PARTAGÉE ENTRE L'EUROPE ET L'ASIE. C'EST UN PAYS TRÈS HOSPITALIER, DONT LA RELIGION PRINCIPALE EST L'ORTHODOXIE ET OÙ LES HIVERS SONT EXTRÊMEMENT FROIDS, ALLANT DE -15°C À -40°C.

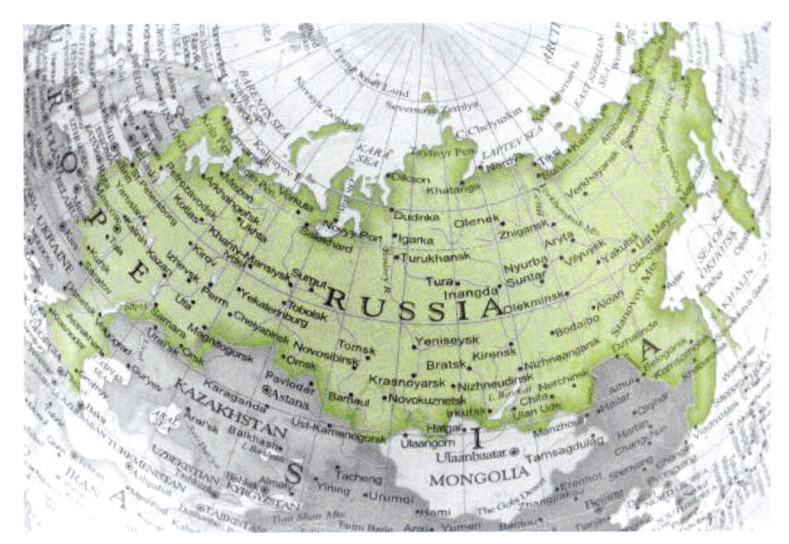

SAINT-PÉTERSBOURG

La ville de Saint-Pétersbourg est la deuxième plus grande ville de Russie, après Moscou, la capitale. Fondée en 1703 par Pierre le Grand, elle est située au bord du golfe de Finlande. C'est une belle ville, bâtie sur un marécage constitué de petites îles. De plus, la ville est traversée par un fleuve, la Neva. C'est pour cela qu'elle est encore appelée 'la Venise du Nord'. Des canaux et des ponts ont été construits pour faciliter la mobilité des habitants. À Saint-Pétersbourg, il y a plus de 200 musées et plus d'une centaine de parcs et de jardins publics.

LES BONNES HABITUDES

En Russie, il est de coutume de ne jamais rendre visite à quelqu'un les mains vides et cette habitude est très répandue. Même si ce n'est pas une occasion festive, offrir un cadeau est très courant, comme une bouteille de vin, un gâteau, des bonbons ou du chocolat. C'est le geste qui compte, au risque d'être perçu comme un avare. En Russie, plus de 50 fêtes nationales, religieuses et professionnelles sont célébrées chaque année.

LA MÉTÉO RUSSE

En Russie, les hivers sont très froids et les températures peuvent descendre jusqu'à -50 degrés. C'est le temps idéal pour faire des promenades avec les chiens de traîneau. En revanche, l'été est plus doux et le paysage redevient propice aux balades à pied et aux découvertes sous un ciel ensoleillé.

PAYS

ESPAGNE

L'ESPAGNE EST LE DEUXIÈME PLUS GRAND PAYS D'EUROPE. SON CLIMAT ACCUEILLANT, SA GASTRONOMIE ET SES NOMBREUX ATTRAITS TOURISTIQUES FONT DE CE PAYS L'UN DES PLUS VISITÉS AU MONDE.

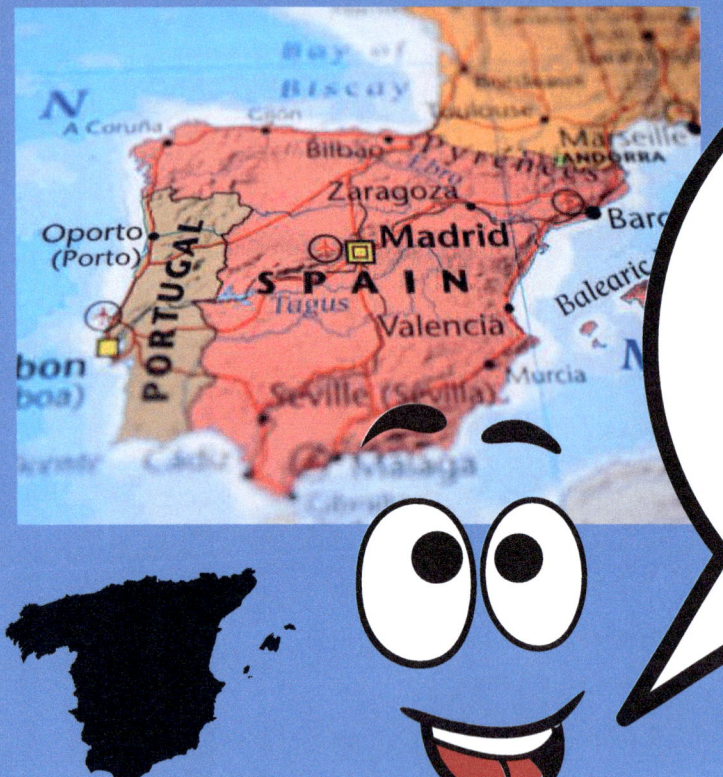

MADRID, LA BELLE

Madrid est la capitale espagnole et aussi la plus grande ville du pays, avec plus de 3 millions d'habitants. À Madrid se trouvent trois des musées les plus visités au monde, dont le musée du Prado. Avec ses nombreux magasins de mode, ses édifices majestueux et ses palais, Madrid est une destination idéale pour des vacances touristiques. C'est une ville très animée, de jour comme de nuit. Beaucoup d'Espagnols fréquentent les discothèques pour se défouler en dansant le flamenco.

UNE MONARCHIE

L'Espagne, contrairement à d'autres pays comme la France, est une monarchie, c'est-à-dire qu'elle est dirigée par un roi. Cependant, c'est le Premier ministre qui est le chef du gouvernement et qui dirige le pays. En Espagne, il existe 17 communautés autonomes. Parmi elles, la Catalogne, dont la capitale est Barcelone, est une métropole très développée. Chacune de ces communautés dispose d'une certaine autonomie, avec notamment son propre président, sa langue, son parlement, sa devise, sa fête et son hymne. Par exemple, la Catalogne lutte depuis plusieurs années pour obtenir son indépendance totale.

AUSTRALIE

PAYS

PAYS LE PLUS VASTE DE L'OCÉANIE, L'AUSTRALIE EST AUSSI LE PLUS GRAND ÉTAT INSULAIRE DU MONDE. C'EST LE PAYS DES KANGOUROUS, VÉRITABLES SYMBOLES DE LA NATION. ILS SONT PRÉSENTS SUR PLUSIEURS EMBLÈMES DU PAYS.

CANBERRA

Si Sydney et Melbourne sont les deux plus grandes villes australiennes, c'est pourtant Canberra qui est la capitale du pays. Le nom Canberra signifie "lieu de rassemblement". En effet, le choix de cette ville comme capitale a été un compromis entre les deux grandes villes. La capitale australienne est une ville verte, avec une population majoritairement jeune.

UNE FAUNE VARIÉE

En Australie, on rencontre une faune singulière. En plus des kangourous, les koalas, les wombats, les émeus et les dingos sont des espèces typiques de cette partie du monde. Lorsqu'on ajoute les espèces vivant dans la Grande Barrière de corail, on se rend compte que la faune d'Australie est une véritable merveille.

BARRIÈRE DE CORAIL

C'est au large des côtes australiennes, dans le Queensland, que se trouve cette magnifique structure sous-marine. Composée de 2 900 récifs et de 900 îles, cette imposante formation naturelle est visible de l'espace. Inscrite au patrimoine mondial de l'UNESCO, ce récif, abritant des milliards de minuscules organismes, est la plus grande structure biogénique au monde.

PAYS

BRÉSIL

LE BRÉSIL EST LE PLUS GRAND PAYS D'AMÉRIQUE DU SUD. IL REGORGE D'ATTRAITS TOURISTIQUES ÉPOUSTOUFLANTS QUI ATTIRENT DES MILLIONS DE VISITEURS. C'EST UNE RÉPUBLIQUE FÉDÉRALE COMPOSÉE DE 26 ÉTATS.

LES CHUTES D'IGUAÇU

Ces magnifiques cascades sont situées au cœur de la forêt tropicale, à la frontière entre le Brésil et l'Argentine. En effet, les chutes d'Iguaçu offrent un spectacle époustouflant avec des chutes d'eau de plus de 80 m de hauteur. Ce joyau naturel est classé au patrimoine mondial de l'UNESCO.

LE MARACANA

Symbole de l'importance majeure du football au Brésil, le Maracanã est l'un des plus grands stades du monde. Ce stade a été construit pour accueillir la finale de la Coupe du monde de 1950. Initialement doté de 200 000 places, sa capacité a été réduite à 80 000 places.

RIO DE JANEIRO

Rio est la seconde plus grande ville du Brésil après São Paulo. Elle est surnommée "la Ville Merveilleuse". Elle est célèbre dans le monde entier pour sa fameuse plage de Copacabana, que 10 millions de personnes visitent chaque année. C'est également la ville dans laquelle se tient le plus grand carnaval du monde. La ville abrite aussi la statue du Christ Rédempteur, le Pain de Sucre, un monolithe qui culmine à 396 mètres d'altitude, et bien d'autres merveilles.

ÉTATS-UNIS

PAYS

LES ÉTATS-UNIS SONT L'UN DES DEUX PAYS D'AMÉRIQUE DU NORD AVEC LE CANADA. SOUVENT APPELÉ LE PAYS DE L'ONCLE SAM, LES ÉTATS-UNIS SONT CONSTITUÉS DE 50 ÉTATS QUI BÉNÉFICIENT D'UNE CERTAINE AUTONOMIE.

LOS ANGELES

Los Angeles, la deuxième plus grande ville américaine, est surnommée 'la Cité des Anges' et est le chef-lieu de l'État de Californie. Reconnue comme la capitale mondiale du cinéma, elle abrite Hollywood et Beverly Hills. De nombreux touristes du monde entier y viennent, suivant les traces de leurs acteurs préférés. La ville compte plus de 3 millions d'habitants, dont la moitié sont hispanophones, c'est-à-dire qu'ils parlent espagnol

THANKSGIVING

Thanksgiving est l'une des plus importantes fêtes célébrées aux États-Unis, ayant presque autant d'importance que la fête de Noël. Elle se déroule au mois de novembre et offre l'occasion de retrouvailles en famille. La particularité de Thanksgiving réside dans la préparation et le partage de la dinde, que toute la famille déguste autour d'une table. La tarte à la citrouille est aussi un incontournable de cette fête. Le lendemain de Thanksgiving est le Black Friday, la journée de shopping la plus importante de l'année.

ABRAHAM LINCOLN

Abraham Lincoln fut le 16e président des États-Unis d'Amérique, en poste de 1861 à 1865. Fermement opposé à l'esclavage, son élection déclenche la guerre de Sécession. Pendant plus de quatre ans, les États du Nord, favorables à l'abolition de l'esclavage, ont été en opposition avec les États du sud, qui s'opposaient à cette abolition.

PAYS

ALGÉRIE

PAYS DU MAGHREB, L'ALGÉRIE EST L'UN DES PLUS VASTES DU CONTINENT AFRICAIN. LE PAYS EST SITUÉ AU BORD DE LA MÉDITERRANÉE. PLUS DE 80 % DE CE TERRITOIRE EST DÉSERTIQUE.

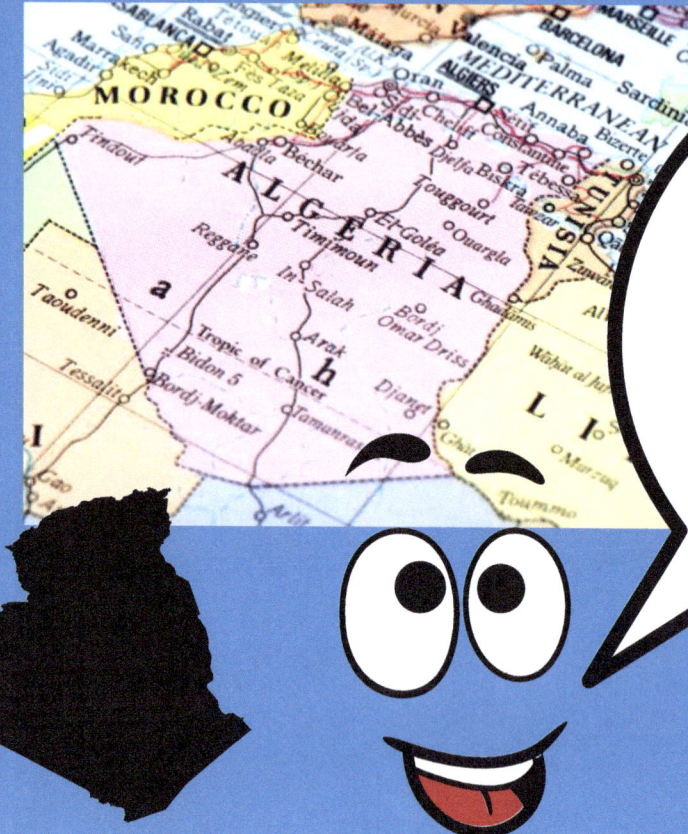

ALGER

Alger est la capitale de l'Algérie et aussi la plus grande ville du pays. La ville compte plus de 3 millions d'habitants. Elle est le centre économique, politique et culturel de l'Algérie. Alger est une ville moderne, abritant des musées historiques et des parcs verdoyants. C'est également un centre d'affaires et de commerce qui attire des personnes de divers horizons.

EN BREF

En Algérie, les langues officielles sont l'Arabe et le Tamazight, et la monnaie locale est le dinar. L'islam sunnite est la religion officielle, et le pays compte 99 % de musulmans. Le désert du Sahara couvre une très grande partie du territoire. Au sud du pays se trouve le Hoggar, un massif volcanique classé au patrimoine mondial de l'UNESCO. Cette immense formation géologique, datant de plus de 3 milliards d'années, est aujourd'hui le refuge des Touaregs.

ÉGYPTE

PAYS

SITUÉE EN BORDURE DU NIL, AU NORD DE L'AFRIQUE, L'ÉGYPTE EST LE TROISIÈME PLUS GRAND PAYS DU CONTINENT. C'EST UN PAYS QUI A MARQUÉ L'HISTOIRE DU MONDE PAR SA CIVILISATION.

ALEXANDRIE

Deuxième ville du pays après Le Caire, Alexandrie a été fondée en 331 avant Jésus-Christ par Alexandre le Grand. Pendant l'Antiquité, elle était la capitale de l'Égypte. Le port d'Alexandrie, l'un des plus anciens du monde, a été construit en 1900 avant Jésus-Christ, dans l'ancien village de Rhakotis. Dans la ville, les ruines et vestiges de la période antique sont encore visibles.

LE NIL DE L'ÉGYPTE

Avec le fleuve Amazone d'Amérique du Sud, le Nil est l'un des fleuves les plus longs du monde. Il mesure 6 700 km et prend sa source au lac Victoria, un peu plus au sud du continent africain. C'est autour du Nil que l'Égypte s'est construite. Pendant des années, les crues du Nil ont enrichi ses rives de limon, favorisant l'agriculture. Aujourd'hui, des barrages sont installés pour diriger les eaux du Nil vers les terres agricoles.

LES SARCOPHAGES

Les sarcophages jouaient le rôle de cercueils. Lors de la période antique, ce sont des cuves sculptées dans la pierre, destinées à recueillir le corps momifié des membres de la haute société, notamment des pharaons égyptiens. Les personnes moins nanties étaient, quant à elles, directement enterrées dans le sol.

PAYS

JAPON

PAYS DE MONTAGNES, LE JAPON EST UN ARCHIPEL COMPOSÉ DE PLUS DE 6 000 ÎLES. LE JAPON S'EST CONSIDÉRABLEMENT DÉVELOPPÉ APRÈS LA SECONDE GUERRE MONDIALE.

YOKOHAMA

Yokohama est la deuxième plus grande ville du Japon après la capitale, Tokyo. En tant que ville portuaire, elle a connu un développement significatif. Située sur l'île de Honshu, la ville abrite des édifices importants, dont la Landmark Tower, le quatrième plus haut bâtiment du pays. On y trouve également le plus grand quartier chinois du Japon, Chinatown.

GÉOGRAPHIE

Au Japon, la présence de montagnes est remarquable, atteignant 3 000 m d'altitude pour certaines. De plus, le pays compte environ 200 volcans, dont une soixantaine sont encore actifs. Le Japon est également souvent victime de séismes.

HIROSHIMA & NAGASAKI

En 1945, lors de la Seconde Guerre mondiale, les villes japonaises d'Hiroshima et de Nagasaki ont été bombardées par l'armée américaine, qui y a largué deux bombes atomiques. Ces bombes ont causé d'importants dégâts. Aujourd'hui, ces deux villes ont été complètement reconstruites, avec de nouveaux bâtiments. Seuls quelques vestiges restent les témoins de cet épisode sombre de l'histoire du Japon.

CHINE

PAYS

LA CHINE EST LE PAYS LE PLUS PEUPLÉ AU MONDE. C'EST ÉGALEMENT L'UN DES PAYS LES PLUS DÉVELOPPÉS DE LA PLANÈTE, AINSI QU'UN PÔLE COMMERCIAL MONDIAL TRÈS IMPORTANT.

PÉKIN, LA CAPITALE

Capitale de la Chine, la ville de Pékin, bien qu'elle n'ait pas le rayonnement économique d'autres villes chinoises, telles que Shanghai ou Hong Kong, est le siège de l'administration du pays. Pékin, également appelée Beijing, est le centre politique et culturel de la Chine. Plus de 21 millions de personnes y vivent. La ville abrite des bâtiments à l'architecture traditionnelle ainsi que d'autres, plus en phase avec le modernisme occidental.

LA MURAILLE DE CHINE

C'est l'un des monuments chinois les plus connus au monde. La Grande Muraille de Chine s'étend sur une distance de 8 851 km, faisant d'elle l'ouvrage le plus long jamais construit. Initialement destinée à protéger la Chine contre les envahisseurs, notamment les Mongols, elle intègre des tours de défense tout au long de sa construction.

DIVERSITÉ

En Chine, il y a plus d'une cinquantaine de groupes ethniques différents, chacun avec sa propre langue et ses traditions. L'ethnie Han, qui est majoritaire, constitue 90 % de la population. C'est également la plus grande ethnie du monde.

LES VILLES

Après avoir parcouru les continents et découvert les pays, il est temps de zoomer un peu plus et d'explorer les villes du monde ! Les villes sont comme des étoiles scintillantes sur la carte du monde, chacune brillant de sa propre lumière et de son caractère unique.

Dans cette partie de notre livre, nous allons nous promener dans les rues animées des villes les plus célèbres du monde. Imaginez-vous marcher sous les lumières étincelantes de Paris, la ville de l'amour et de la mode, ou admirer les anciens trésors de Rome, avec ses colossaux monuments qui racontent des histoires du passé.

Vous découvrirez des villes pleines de vie comme New York, où les gratte-ciel touchent presque le ciel, et Tokyo, où la tradition rencontre la modernité de manière étonnante. Chaque ville a sa propre magie, qu'il s'agisse des marchés colorés de Bombay, de l'histoire ancienne du Caire ou de l'élégance royale de Londres.

Alors, prenons notre loupe et notre boussole, et partons ensemble à la découverte des rues, des places et des secrets cachés de ces villes merveilleuses.

Qui sait quels trésors et quelles histoires nous attendent au coin de la rue ?

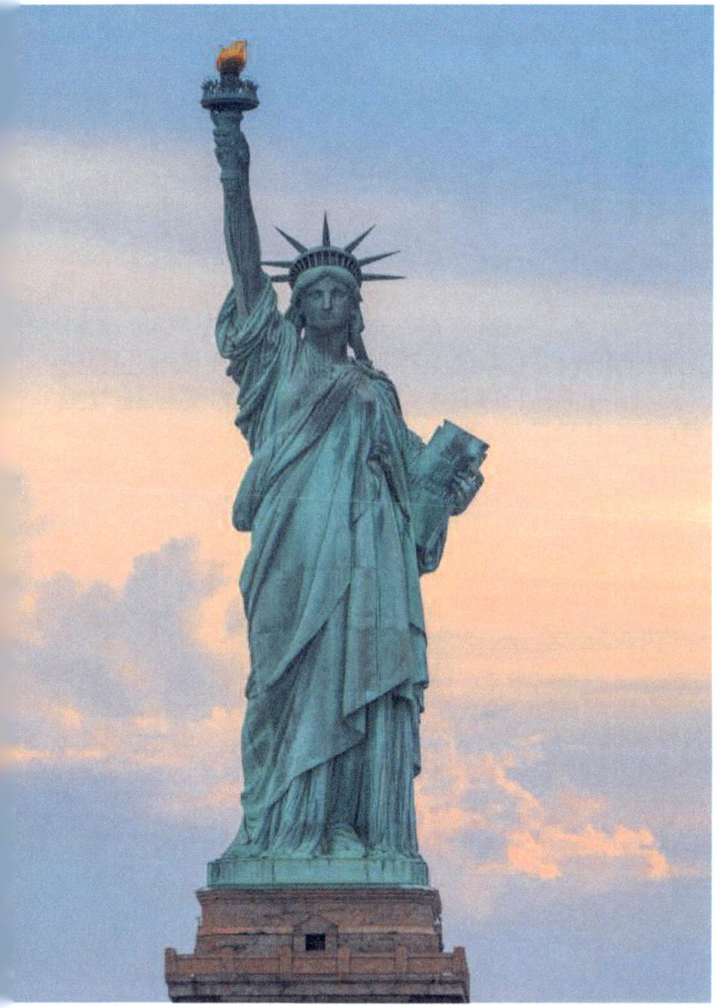

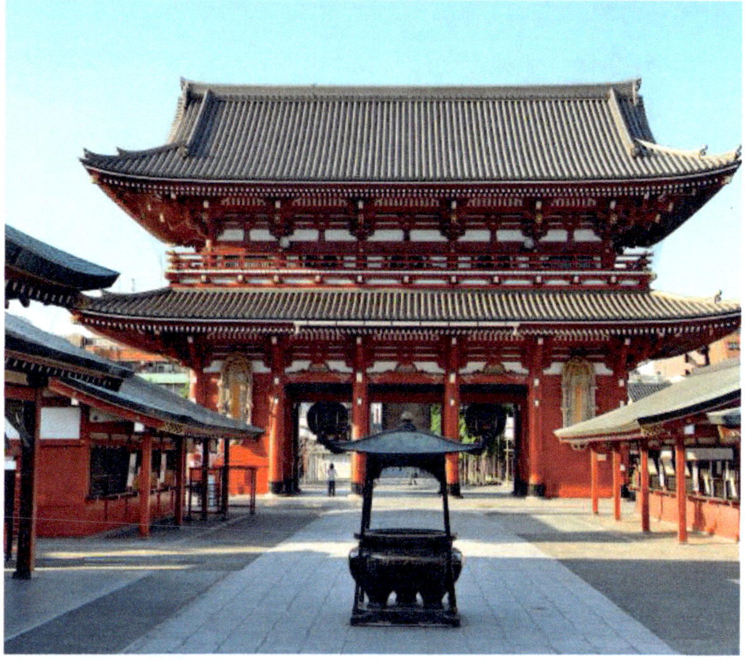

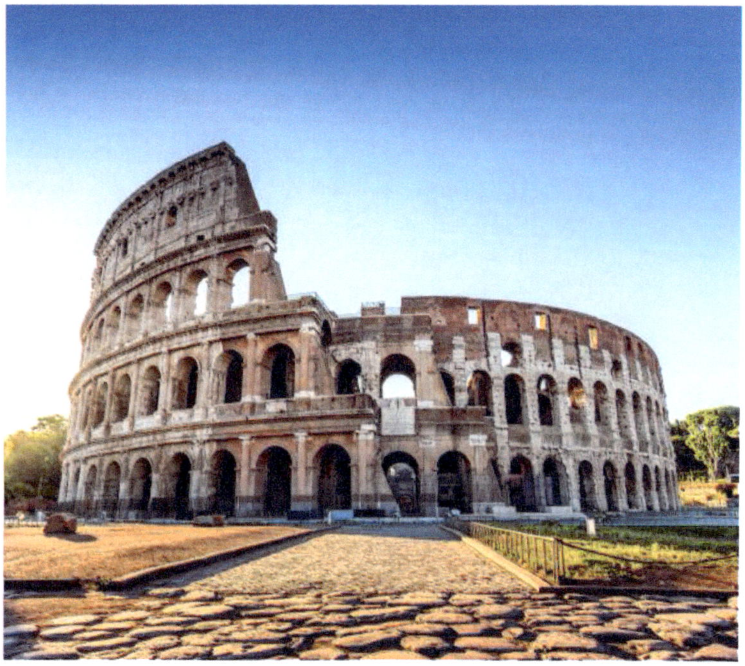

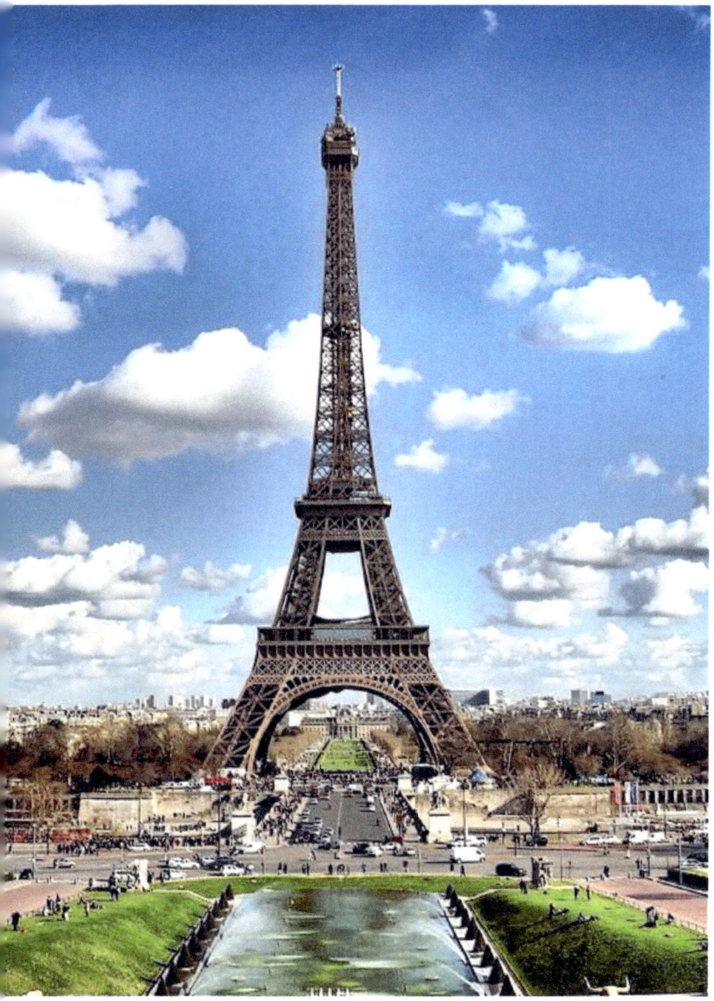

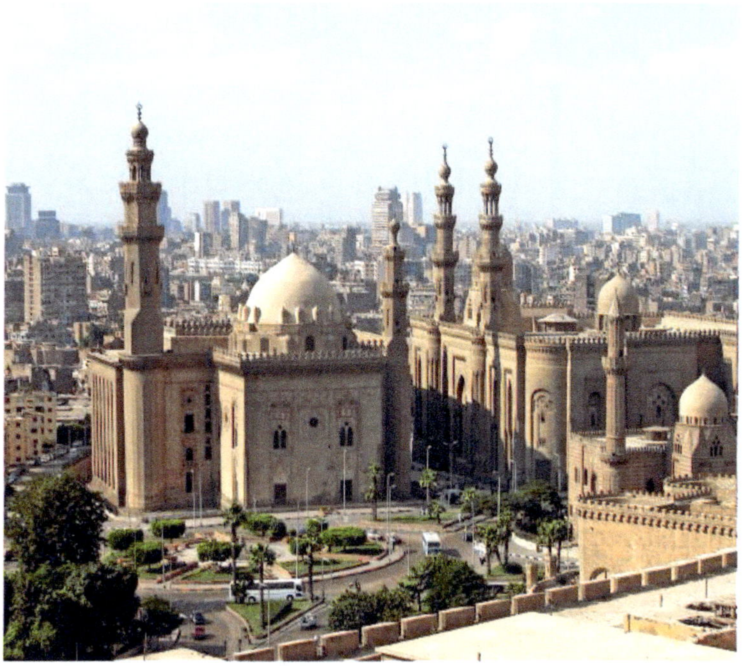

VILLE

PARIS

LA VILLE DE PARIS N'EST PAS SEULEMENT LA CAPITALE DE LA FRANCE, ELLE EST AUSSI LA VILLE LA PLUS PEUPLÉE DU PAYS. AUSSI APPELÉE 'LA VILLE LUMIÈRE', PARIS REGORGE DE MONUMENTS ET D'ÉDIFICES HISTORIQUES.

GÉOGRAPHIE

Située dans le nord de la France, la ville compte plus de deux millions d'habitants. Construite dans les méandres de la Seine, un fleuve qui traverse le bassin parisien, elle présente son point le plus élevé à 113 m de haut, sur la colline de Montmartre. Paris est la cinquième ville la plus peuplée d'Europe.

CATHÉDRALES

La cathédrale Notre-Dame de Paris est un symbole du riche héritage historique des édifices français. Notre-Dame a été construite sur deux siècles, de 1163 à 1345. D'autres églises, telles que la cathédrale de la Sainte-Trinité de Paris ou la Basilique du Sacré-Cœur de Montmartre, sont également empreintes d'histoire.

LA TOUR EIFFEL

Fièrement dressée dans la ville, la tour Eiffel est le monument qui attire les regards du monde entier. Sa construction a duré deux ans et est l'œuvre de Gustave Eiffel. Construite en 1889 pour l'Exposition universelle de Paris, à l'occasion du centenaire de la Révolution française, elle était auparavant appelée 'la Tour de 300 mètres'. D'une hauteur de 312 mètres, la Tour Eiffel a été pendant longtemps le monument le plus élevé du monde.

ROME

VILLE

VILLE ITALIENNE CHARGÉE D'HISTOIRE, ROME A BRILLÉ PENDANT DES MILLÉNAIRES. AUJOURD'HUI ENCORE, ELLE POSSÈDE UNE PARTICULARITÉ : ELLE ABRITE LA CITÉ DU VATICAN, UN ÉTAT INDÉPENDANT SITUÉ EN SON CŒUR.

GÉOGRAPHIE

Capitale de l'Italie, Rome compte une population de plus de 2 800 000 habitants. La ville est située dans le centre du pays, à proximité de la mer Tyrrhénienne. On la surnomme également 'la ville éternelle', en raison de son histoire riche. Avec ses 1 285 km², c'est l'une des villes les plus étendues d'Europe. Dans l'Antiquité, Rome a dominé tout le bassin méditerranéen, influençant de nombreux peuples et territoires par sa langue, sa religion, sa philosophie, entre autres.

LE COLISÉE

Véritable symbole de la ville de Rome, le Colisée est aussi le monument le plus important. Cet amphithéâtre, construit sous l'Empire romain, a une capacité de 50 000 places et a été édifié il y a environ deux mille ans. Il a été le plus grand bâtiment de ce type jusqu'au XXe siècle. Symbole de la puissance romaine, le Colisée a accueilli divers événements : combats de gladiateurs, batailles entre animaux, exécutions publiques de condamnés et autres manifestations, qui se sont déroulés pendant plus de 500 ans.

LES CHATS SAUVEURS

À Rome, une loi votée en 1991 autorise les chats à circuler librement dans la ville. Inconsciemment, ils rendent un service gratuit de dératisation. Des volontaires leur viennent en aide en leur fournissant nourriture et soins.

VILLE

PÉKIN

SITUÉE DANS LE NORD-EST DE LA CHINE, LA VILLE DE PÉKIN COUVRE UNE SUPERFICIE DE 16 800 KM². ELLE EST LA DEUXIÈME PLUS GRANDE VILLE CHINOISE ET LA HUITIÈME PLUS GRANDE VILLE DU MONDE.

PÉKIN, LA VILLE

Capitale de la Chine, Pékin est située dans le nord-est du pays. Bien qu'elle n'ait pas le rayonnement économique d'autres villes chinoises, telles que Shanghai ou Hong Kong, elle est le siège de l'administration du pays. Pékin, également appelée Beijing, compte 21 millions d'habitants. La ville abrite des bâtiments à l'architecture traditionnelle ainsi que d'autres, en phase avec le modernisme occidental.

PÉKIN VILLE DE L'UNESCO

La ville de Pékin regorge de monuments historiques et exotiques. Sept sites de la ville sont inscrits au patrimoine mondial de l'UNESCO. En dehors de la Grande Muraille de Chine, on y trouve aussi la Cité Interdite, le Temple du Ciel, les tombes impériales des dynasties Ming et Qing, les Palais d'été, le Grand Canal et le site préhistorique de l'Homme de Pékin à Zhoukoudian.

NEW-YORK

VILLE

NEW YORK EST LA VILLE LA PLUS PEUPLÉE DES ÉTATS-UNIS ET RASSEMBLE DES NATIONALITÉS DU MONDE ENTIER. ELLE ABRITE ÉGALEMENT LE SIÈGE DE L'ONU ET EST PROBABLEMENT LA VILLE LA PLUS CÉLÈBRE DU MONDE.

LA VILLE

La ville de New York, située dans le nord-est des États-Unis, n'est pas la capitale, mais la plus grande ville de l'État de New York. Elle compte une population de plus de 8 millions d'habitants répartis sur une superficie de 1 213 km². Fondée en 1624, la ville est composée de cinq arrondissements : le Bronx, Manhattan, Brooklyn, Queens et Staten Island. New York est également surnommée 'la Grosse Pomme'.

LES BUILDINGS

L'une des premières choses qui frappent en arrivant à New York sont les buildings, impressionnants par leur hauteurs. Parmi les plus célèbres de la ville figure l'Empire State Building, qui s'élève à 381 mètres. Mais le plus imposant est le One World Trade Center, culminant à 541 mètres. Cet immeuble a été reconstruit après les attentats du 11 septembre.

STATUE DE LA LIBERTÉ

Située au sud de Manhattan sur Liberty Island, la Statue de la Liberté a été construite et assemblée en France. Elle a été dévoilée au grand jour le 28 octobre 1886. La Statue de la Liberté fait partie du patrimoine mondial de l'UNESCO.

VILLE

TOKYO

PRINCIPALE VILLE DU JAPON, TOKYO EST UNE GRANDE MÉTROPOLE. ELLE ABRITE LE SIÈGE DE PLUSIEURS GRANDES BANQUES ET ENTREPRISES MONDIALES.

LA VILLE DE TOKYO

Capitale du Japon et l'une des 47 préfectures du pays, Tokyo est située sur la côte sud de l'île de Honshu et abrite une population de 14 millions d'habitants. Elle est l'une des plus grandes villes d'Asie et s'étend sur une superficie de 2 193 km². Le climat à Tokyo est de type subtropical humide, avec des hivers plutôt doux, mais des étés souvent très chauds.

TOURISME

La ville de Tokyo regorge de nombreux attraits touristiques. Parmi eux, les sanctuaires Yasukuni et Meiji, ainsi que les musées nationaux, se distinguent. La ville compte également trois parcs publics où les Tokyoïtes se rendent pour se détendre.

LES SÉISMES À TOKYO

Tokyo est située à la jonction de trois plaques tectoniques : la plaque eurasienne, la plaque philippine et la plaque nord-américaine. Elle se trouve donc dans l'une des zones les plus sismiques de la planète. En moyenne, un tremblement de terre est enregistré chaque jour à Tokyo, mais la plupart sont de faible amplitude. Certains, cependant, comme celui du 11 mars 2011, ont causé de nombreuses blessures et déclenché des incendies dans la ville.

LONDRES

VILLE

CAPITALE DE L'ANGLETERRE ET DU ROYAUME-UNI, LONDRES COMPTE PLUS DE 9 MILLIONS D'HABITANTS. LA VILLE A ÉTÉ FONDÉE PAR LES ROMAINS IL Y A PLUS DE DEUX MILLÉNAIRES.

GÉOGRAPHIE

La ville de Londres est située dans le sud-est de l'Angleterre. S'étendant sur 1 572 km², elle compte une population de près de 9 millions d'habitants. La Tamise traverse la ville d'est en ouest et se jette dans la mer du Nord. Paris se trouve à 344 km de Londres. La ville jouit d'un climat océanique, caractérisé par des précipitations fréquentes, mais généralement modérées. La neige est rarement abondante en hiver, et l'été est généralement doux.

LES MONUMENTS

Quand on pense à Londres, on pense forcément à la reine d'Angleterre. C'est dans cette ville que se trouve le fameux Buckingham Palace, résidence officielle de la monarchie britannique. D'autres places et monuments historiques et majestueux sont dans la ville. On peut citer le Tower Bridge, Big Ben, la grande cloche de 13 tonnes installée dans la Tour Elizabeth ou encore le Westminster Abbey, qui est l'église la plus célèbre de la ville.

VILLE ÉTRANGÈRE

Londres est une ville extrêmement cosmopolite. En effet, plus de la moitié des habitants sont de nationalité étrangère, et plus de 300 langues y sont parlées. C'est un véritable 'melting pot'.

VILLE

BOMBAY

ENCORE APPELÉE MUMBAI, BOMBAY EST UNE GRANDE VILLE INDIENNE ET UNE PLAQUE TOURNANTE DES AFFAIRES EN ASIE. ELLE EST LA CAPITALE DE L'ÉTAT DU MAHARASHTRA.

LA VILLE

La ville de Bombay, située à l'ouest de l'Inde au bord de la mer d'Arabie, est une véritable métropole. Elle compte plus de 12 millions d'habitants répartis sur une superficie de 603 km², ce qui en fait la ville la plus peuplée d'Inde. Bombay est également un pôle économique majeur, tant en Inde que sur la scène mondiale. Avec ses villes satellites, elle forme une agglomération de plus de 18 millions d'habitants, la dixième plus grande au monde.

UN PÔLE ÉCONOMIQUE

Véritable centre d'affaires, Bombay est la capitale économique de l'Inde. Anciennement colonisée par les Britanniques, la ville se distingue par ses infrastructures modernes, contrastant avec les autres villes indiennes plus traditionnelles. Bombay est également le siège de Bollywood, le fleuron de l'industrie cinématographique indienne. Le cinéma indien, en plein essor, voit désormais ses productions s'exporter au-delà des frontières continentales.

LE CAIRE

VILLE

CAPITALE DE L'ÉGYPTE, LE CAIRE EST LA DEUXIÈME VILLE AFRICAINE EN TERMES DE PEUPLEMENT. LA VILLE EST BÂTIE AU BORD DU NIL, LE FLEUVE LE PLUS LONG DU CONTINENT.

LA VILLE

Le Caire, l'une des plus grandes villes du monde, compte une population de plus de 10 millions d'habitants et s'étend sur une superficie de 600 km². Située au nord de l'Égypte sur les rives du Nil, elle est proche de la ville de Gizeh et de la nécropole de Memphis, situées à l'ouest du Caire. Le climat de la ville est désertique, avec des étés très chauds et de rares précipitations en hiver.

LES PYRAMIDES DE GIZEH

Sans conteste l'une des plus belles merveilles du monde, les pyramides de Gizeh sont un héritage du riche passé historique de l'Égypte. Attirant les curiosités du monde entier, cet ensemble de trois pyramides date de plus de 4 500 ans avant Jésus-Christ. Construites pour servir de sépulcres aux pharaons, elles sont situées à proximité du Caire, la capitale égyptienne. Ce sont les plus accomplies des pyramides de l'Égypte ancienne.

UNE VILLE TOURISTIQUE

La ville abrite de nombreux sites touristiques qui attirent les visiteurs du monde entier. En dehors des pyramides, on y trouve le Sphinx, un édifice impressionnant situé à proximité, ainsi que les parcs nationaux et la citadelle du Caire, parmi les autres attractions.

LES MERVEILLES

Imaginez un monde où des structures gigantesques, des paysages à couper le souffle et des phénomènes naturels incroyables vous attendent à chaque tournant. C'est exactement ce que nous allons découvrir dans cette section passionnante sur les merveilles du monde !

Les merveilles du monde sont des lieux si extraordinaires et si impressionnants qu'ils semblent presque magiques. Vous avez peut-être déjà entendu parler de la Grande Muraille de Chine, si longue qu'elle serpente à travers les montagnes et les vallées comme un dragon endormi ou de l'Himalaya, où se dressent les plus hautes montagnes de la Terre, touchant presque les étoiles.

Nous explorerons aussi des merveilles naturelles époustouflantes comme le Grand Canyon, une immense gorge creusée par le fleuve Colorado, ou la Barrière de corail, un royaume sous-marin coloré plein de vie. Et que diriez-vous de marcher sur les sables chauds du Sahara, le plus grand désert du monde, ou de vous émerveiller devant l'immensité de l'Amazonie, le poumon vert de notre planète ?

Chaque merveille a une histoire fascinante à raconter, pleine de mystères, d'aventures et de découvertes. Alors, préparez-vous à ouvrir grand vos yeux et votre imagination, car nous sommes sur le point d'entrer dans un monde où le réel rivalise avec le fantastique dans un spectacle éblouissant de beauté et de grandeur.

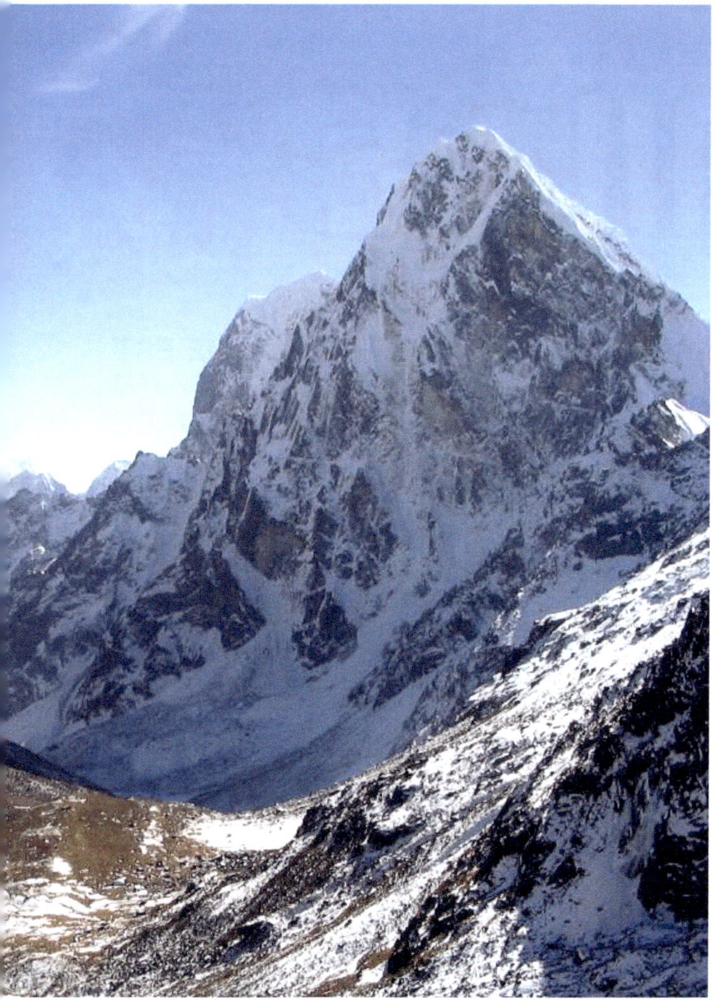
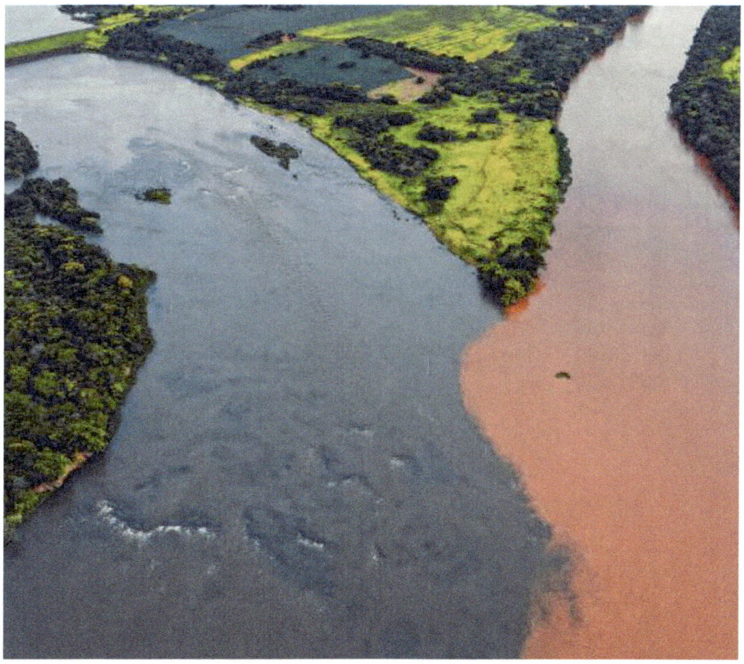
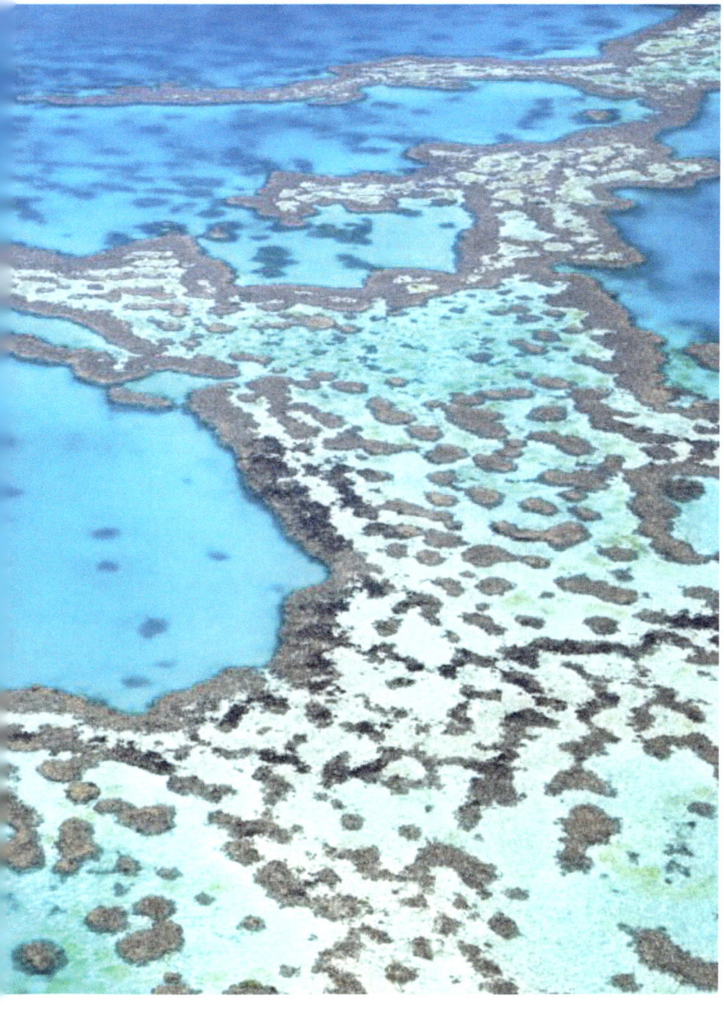
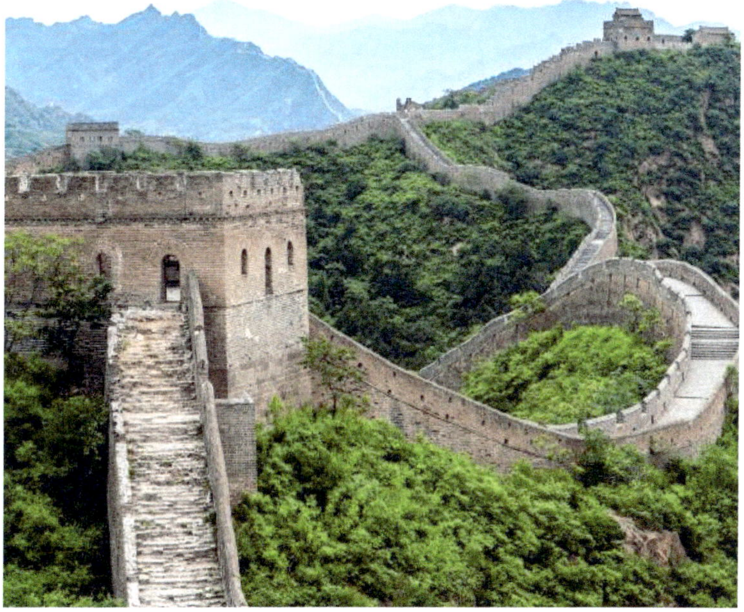
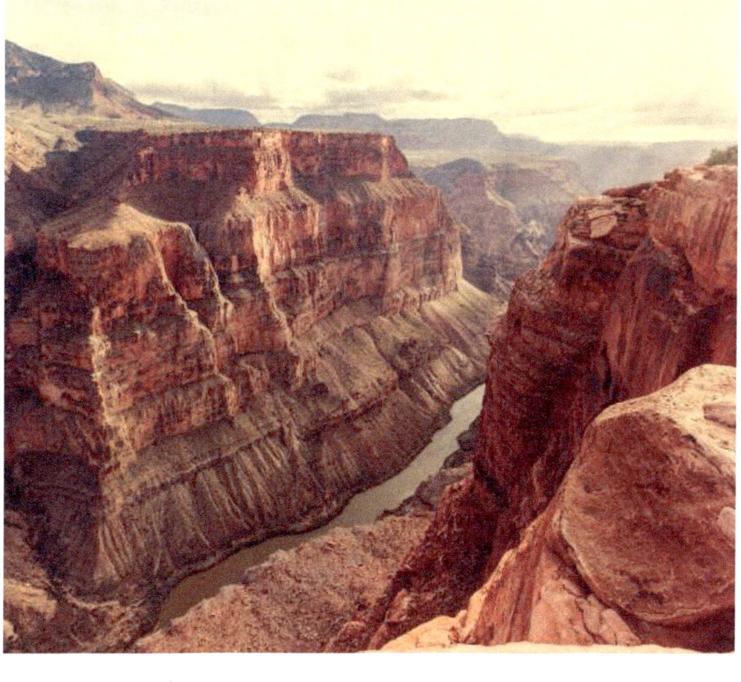

MERVEILLE : MURAILLE

ENCORE APPELÉE LA GRANDE MURAILLE, LA MURAILLE DE CHINE EST LE PLUS LONG OUVRAGE DE DÉFENSE AU MONDE. C'EST UN ENSEMBLE DE MURS CONSTRUITS POUR PROTÉGER LE PAYS CONTRE LES ENVAHISSEURS.

SITUATION

La Muraille de Chine, située dans le nord du pays, s'étend du désert de Gobi jusqu'à la frontière au nord de Pékin. Elle mesure 6 700 km de long et sa largeur varie entre 5 et 7 mètres. Selon certains observateurs, plusieurs segments de la muraille seraient enfouis sous le sol.

LE TEMPS

La construction de la Grande Muraille de Chine a duré de nombreuses années. Elle a débuté en 220 avant Jésus-Christ, sous la dynastie Qin et s'est poursuivie sous quatre autres dynasties pour s'achever au XVIIe siècle.

LA MURAILLE DE PLUS PRÈS

La Muraille de Chine est composée de tranchées et de murs, mais intègre également des barrières naturelles, telles que des montagnes et des rivières. C'est un véritable ouvrage militaire, ce qui justifie la présence des tours de surveillance. À plusieurs reprises, certains segments de la muraille ont été détruits, puis reconstruits. L'ouvrage fait partie du patrimoine mondial de l'UNESCO.

HIMALAYA

MERVEILLE

L'HIMALAYA EST UN ENSEMBLE DE CHAÎNES DE MONTAGNES SITUÉES EN ASIE, TRAVERSANT CINQ PAYS. IL S'AGIT DE L'ENSEMBLE MONTAGNEUX LE PLUS ÉLEVÉ AU MONDE.

LA MONTAGNE

L'Himalaya s'étend sur plus de 2 400 km, allant de l'ouest du Pakistan, à Nanga Parbat, jusqu'au Namche Barwa à l'est. Il est composé de trois chaînes de montagnes, avec une altitude moyenne de 4 000 mètres. Le point le plus élevé est l'Everest, culminant à 8 848 mètres, situé entre le Népal et le Tibet en Asie centrale. La chaîne la moins élevée, appelée 'Collines de Shivalik', atteint une altitude de 1 200 mètres. Parmi les 14 sommets les plus hauts du monde, 10 se trouvent dans l'Himalaya.

LE CLIMAT

L'Himalaya présente un climat varié d'un endroit à l'autre. Les abords des montagnes se caractérisent par un climat tropical, tandis que les sommets sont soumis à des températures hivernales. En raison de sa hauteur, l'Himalaya empêche les vents de circuler librement d'un bout à l'autre du continent. C'est pourquoi il fait généralement plus chaud dans le sud que dans le nord de l'Asie. L'Himalaya joue également un rôle dans les tremblements de terre observés dans la région, qui se font ressentir jusqu'en Chine.

UN CHÂTEAU D'EAU

L'Himalaya agit comme un château d'eau pour le continent asiatique, car plusieurs fleuves y prennent leur source. Parmi eux, on trouve le Mékong, le Huang He, le Chang Jiang, le Gange et le Brahmapoutre.

MERVEILLE

GRAND CANYON

LE GRAND CANYON EST SITUÉ EN ARIZONA, AUX ÉTATS-UNIS D'AMÉRIQUE. C'EST UNE IMMENSE VALLÉE CREUSÉE PAR LE FLEUVE COLORADO.

GÉOGRAPHIE

Le Grand Canyon, situé au sud-ouest des États-Unis, se trouve plus précisément dans le nord de l'Arizona. Ses dimensions sont gigantesques, s'étendant sur une distance de 450 km, entre le lac Mead et le lac Powell. La largeur du Grand Canyon varie entre 5 et 30 km et sa profondeur moyenne est de 1 300 m. La formation de cette gigantesque vallée a nécessité environ 6 millions d'années.

VIE DANS LE CANYON

Le Grand Canyon abrite une agglomération reculée, le village de Supai. Environ 200 habitants y vivent, principalement issus de la tribu des Havasupai. L'accès à Supai n'est pas facile sans hélicoptère, car la route la plus proche est à au moins une dizaine de kilomètres. Dans cette partie de l'Arizona, on rencontre une faune variée, comprenant de nombreuses espèces d'oiseaux, des reptiles et des dizaines de mammifères.

BARRIÈRE DE CORAIL   MERVEILLE

LA GRANDE BARRIÈRE DE CORAIL, SITUÉE EN AUSTRALIE, EST LE SYSTÈME CORALLIEN LE PLUS GRAND DE NOTRE PLANÈTE. C'EST UNE VÉRITABLE MERVEILLE NATURELLE.

LE RÉCIF

La Grande Barrière de corail s'étend sur environ 2 300 km le long des côtes australiennes, allant de la péninsule du Cap York jusqu'à Bundaberg. Sa superficie est d'environ 344 000 km². La formation des coraux qui constituent la barrière remonte à 18 millions d'années, bien que les coraux eux-mêmes soient relativement jeunes et ne puissent survivre au-delà de 30 m de profondeur. La Grande Barrière de corail est inscrite au patrimoine mondial de l'UNESCO.

1 500 ESPÈCES

La Grande Barrière de corail est la plus ancienne structure naturelle vivante de la planète. Elle abrite des milliers d'espèces et d'organismes vivants. Plus précisément, on y trouve 1 500 espèces différentes de poissons, des milliers d'espèces de coquillages, ainsi que des requins, des baleines, des tortues, etc.

LA BARRIÈRE EN DANGER

La Grande Barrière de corail est actuellement menacée. Le réchauffement climatique, la pollution des océans et le trafic maritime sur le récif constituent des menaces majeures pour sa survie.

MERVEILLE : SAHARA

SITUÉ EN AFRIQUE DU NORD, LE SAHARA EST L'UN DES PLUS GRANDS DÉSERTS DU MONDE. IL TRAVERSE DIX PAYS DU CONTINENT ET INFLUENCE SIGNIFICATIVEMENT LEUR CLIMAT.

SA SITUATION

Le Sahara s'étend d'est en ouest sur plus de 5 000 km, de l'océan Atlantique à la mer Rouge. Il couvre environ 30 % de la superficie du continent africain, soit 9 065 000 km². Le désert traverse le Mali, l'Algérie, l'Égypte, le Niger, le Maroc, la Libye, la Tunisie, le Soudan, le Tchad et même le Sahara occidental, un territoire contesté.

ORIGINE

Le Sahara n'a pas toujours été un désert. Il y a 15 000 ans, le territoire était verdoyant et propice à la vie, comme en témoignent des vestiges retrouvés. Cependant, un réchauffement climatique progressif a transformé le Sahara en désert, un phénomène purement naturel. La vie y a pris fin il y a environ 6 000 ans.

SES PARTICULARITÉS

Au Sahara, seulement 20 % du territoire est couvert de dunes. Le reste se compose de surfaces rocheuses, de montagnes, de plateaux rocailleux (Hamadas) et de déserts de pierre (regs). Dans cette région, les températures sont généralement élevées, le sol est chaud et les précipitations sont rares. L'ensoleillement y est intense et l'évaporation parmi les plus élevées de tous les déserts du monde.

AMAZONIE

MERVEILLE

L'AMAZONIE, SOUVENT SURNOMMÉE "LE POUMON DE LA PLANÈTE", EST UNE VASTE RÉGION SITUÉE EN AMÉRIQUE DU SUD, COUVERTE PAR LA FORÊT AMAZONIENNE.

LA RÉGION

L'Amazonie est une vaste forêt d'Amérique du Sud qui couvre 6 568 107 km² de la terre. Le fleuve Amazone et ses affluents coulent dans cette région, ce qui produit 20 % de l'oxygène de toute notre planète. Elle compte neuf pays dont le Brésil, le Venezuela, l'Équateur, la Bolivie, le Suriname, le Pérou, la Guyane française et le Guyana. La région est caractérisée par un climat chaud et humide toute l'année. C'est la plus grande forêt tropicale du monde.

UN GRAND RÉSERVOIR

En plus d'être la plus grande forêt tropicale du monde, l'Amazonie compte pas moins de 390 millions d'arbres. Quelque 34 millions de personnes y vivent. Elle est également un immense réservoir de biodiversité, abritant des milliers d'espèces végétales et animales. Par ailleurs, le sol regorge de richesses telles que l'or, le manganèse et le cuivre. En revanche, il est très peu propice à l'agriculture.

LA FORÊT MENACÉE

La forêt amazonienne est menacée. En effet, un peu plus du cinquième de la forêt est déjà détruit. La déforestation causée par l'homme et les incendies continuent d'aggraver le phénomène.

LES ÉCOSYSTÈMES

Avez-vous déjà rêvé de plonger dans les profondeurs des océans, de vous aventurer dans des forêts mystérieuses ou de découvrir les secrets des déserts arides ? Dans cette partie de notre voyage, nous allons explorer les écosystèmes, ces incroyables communautés de plantes, d'animaux et de micro-organismes qui vivent ensemble et forment le tissu de la vie sur notre planète.

Un écosystème est comme un puzzle complexe, où chaque pièce est essentielle. De l'infiniment petit, comme les insectes et les plantes, à l'infiniment grand, comme les éléphants et les arbres géants, chaque élément joue un rôle crucial dans le maintien de l'équilibre de la nature.

Nous voyagerons à travers différents types d'écosystèmes, des déserts chauds et secs, où la vie semble impossible, aux forêts tropicales humides, remplies d'une incroyable diversité d'espèces. Nous apprendrons comment les animaux et les plantes s'adaptent pour survivre dans des conditions parfois extrêmes, et nous verrons comment les montagnes, les océans et les fleuves façonnent ces habitats uniques.

Cette section est une célébration de la biodiversité de notre planète. Elle montre à quel point chaque écosystème est spécial et important. Alors, respirez profondément, ouvrez grand vos yeux et préparez-vous à être émerveillés par la beauté et la complexité de la nature qui nous entoure.

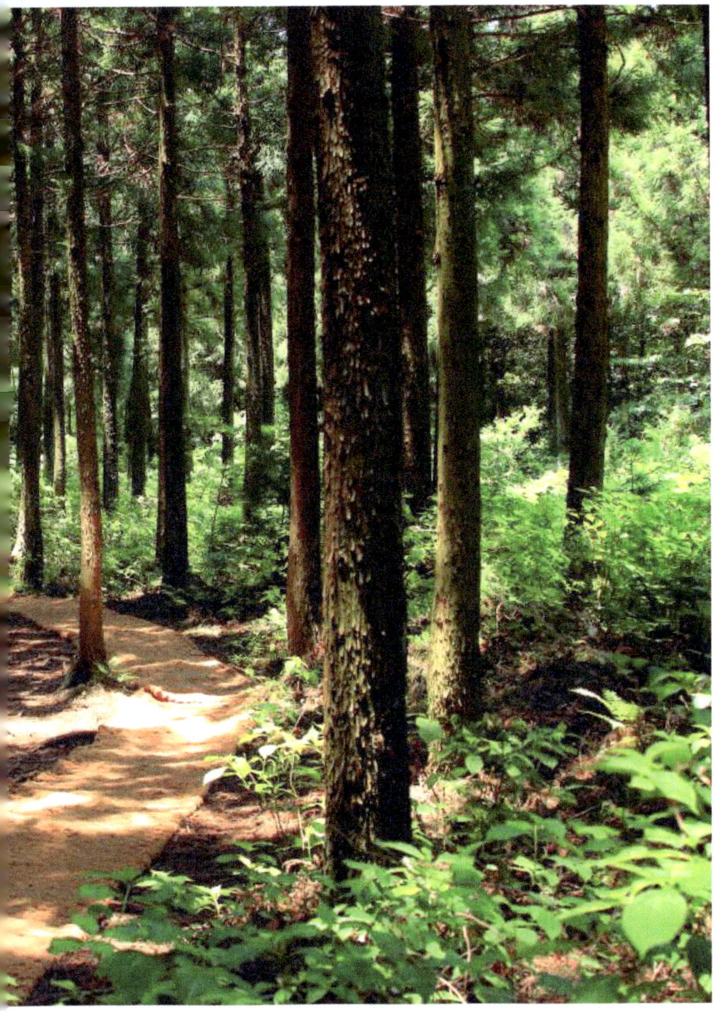
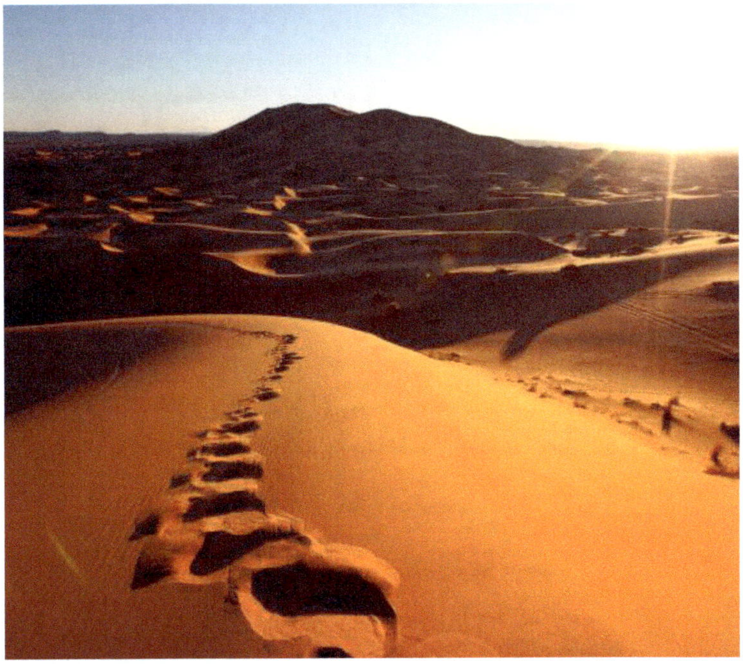
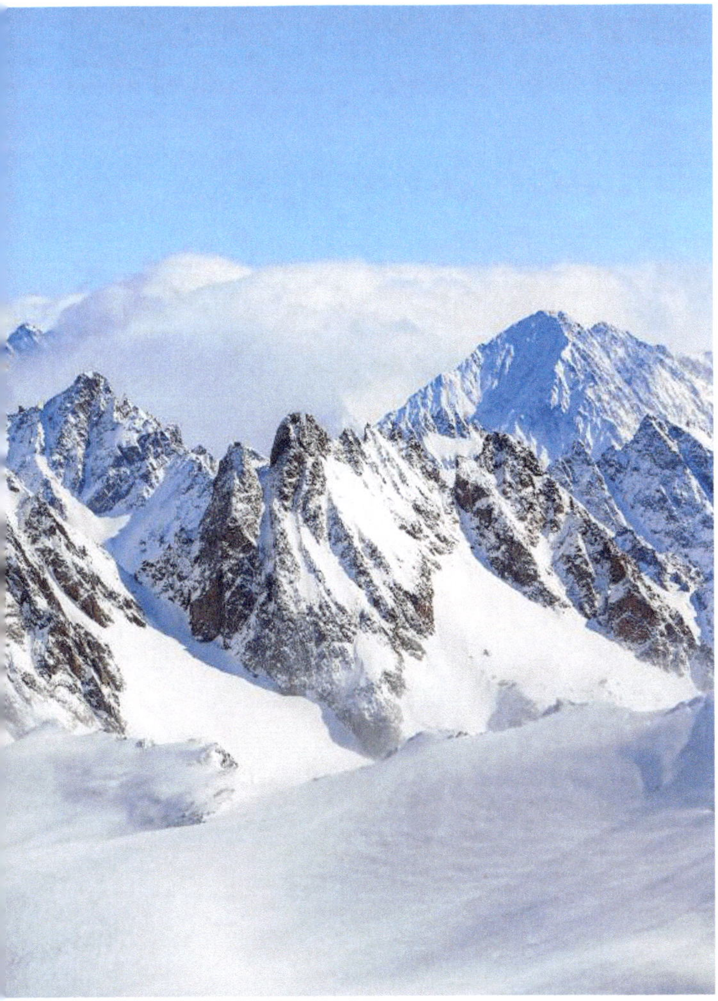
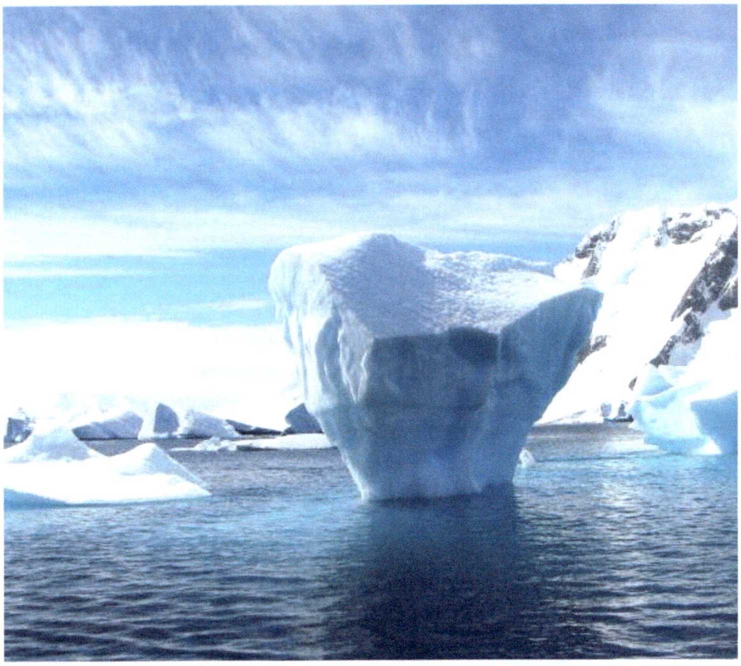
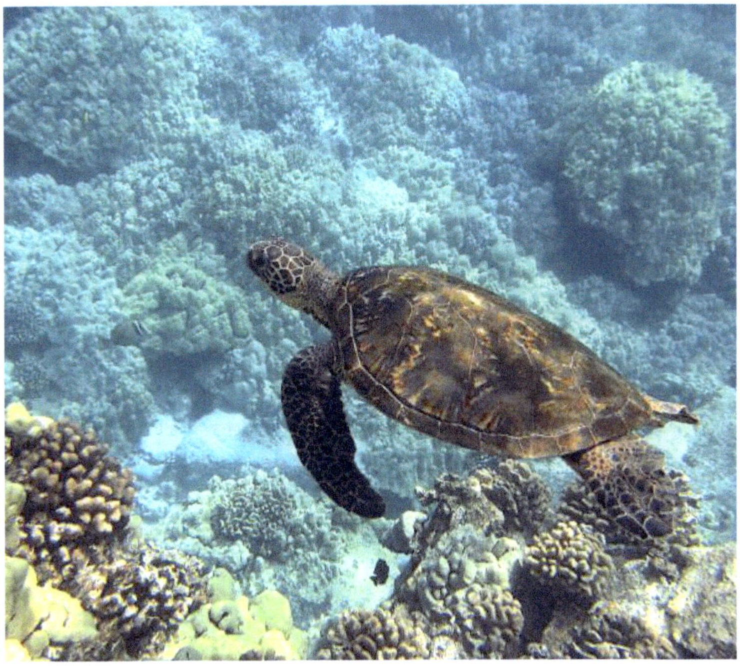

ÉCOSYSTÈME

DÉSERTS

IMAGINEZ UN ENDROIT OÙ IL N'Y A AUCUNE POSSIBILITÉ D'AGRICULTURE NI D'ÉLEVAGE, UN ENDROIT OÙ IL N'Y A PAS D'EAU ET OÙ LA VIE N'EST PAS ENVISAGEABLE... BIENVENUE DANS UN DÉSERT !

LES DÉSERTS

Dans les déserts, les pluies sont rares, voire inexistantes. Il est donc difficile pour les hommes de s'y installer. Le désert rime avec chaleur extrême, des étendues de sable à perte de vue et parfois des tempêtes violentes. Dans ces lieux, les conditions ne favorisent pas le développement de la végétation, encore moins celui de la faune, quoique...

LA FAUNE

Malgré leur environnement hostile, les déserts abritent certaines espèces, tant végétales qu'animales, qui s'adaptent aux conditions spécifiques. Parmi elles, on trouve le guépard, le chat à pieds noirs et le rhinocéros noir.

LOCALISATION

Les déserts sont présents partout. On en trouve en Antarctique, en Afrique avec le Sahara, le désert du Kalahari, le désert du Namib et le désert libyque, en Asie avec le désert d'Arabie et en Australie, avec le désert de Gobi, le désert Karakoum et le désert du Taklamakan. Certains déserts sont chauds, d'autres sont tempérés, avec des saisons alternantes, tandis que d'autres sont glacés, comme c'est le cas de l'Antarctique.

FORÊTS

ÉCOSYSTÈME

LES FORÊTS COUVRENT ENVIRON 30 % DE LA SURFACE TERRESTRE. ELLES FONT PARTIE DES ÉCOSYSTÈMES LES PLUS RICHES DE LA PLANÈTE ET SONT VITALES POUR LA SURVIE DE LA TERRE.

DIFFÉRENTS TYPES

Il existe différents types de forêts, fortement influencés par les régions climatiques dans lesquelles elles se situent. La forêt tempérée appartient aux régions à climat tempéré, où les températures et les précipitations sont modérées. La taïga se trouve dans les zones continentales et froides. Les régions méditerranéennes, aux étés secs, favorisent la forêt méditerranéenne. La forêt dense, quant à elle, est présente dans la zone équatoriale, caractérisée par un climat chaud et humide.

UN MILIEU NATUREL

Dans une forêt, les organismes vivants dominants sont les arbres, mais on y trouve également des arbustes et des arbrisseaux qui s'étendent à perte de vue. Cet environnement est propice à la vie des animaux sauvages, et l'on y découvre alors des milliers d'espèces de tailles différentes les unes des autres. Ces espèces varient en fonction du type de forêt dans laquelle elles se trouvent. L'ensemble des espèces qui vivent dans ces milieux est appelé "espèces forestières".

UN RÔLE VITAL

Les forêts jouent un rôle capital dans la survie de l'espèce humaine. Elles luttent contre le réchauffement climatique en absorbant le dioxyde de carbone. De plus, elles contribuent à améliorer la qualité de l'air et de l'eau, tout en jouant un rôle de protection du sol.

ÉCOSYSTÈME

BANQUISES

FORMATIONS TYPIQUES DES PÔLES, LES BANQUISES SONT DES ÉTENDUES D'EAU DE MER GELÉE. ON LES APPELLE ÉGALEMENT LES "GLACES DE MER". ELLES SE FORMENT SUITE À LA SOLIDIFICATION DES COUCHES D'EAU EN SURFACE.

LOCALISATION

La banquise se trouve dans les océans, notamment dans l'océan Arctique et l'océan Austral. Elle se forme pendant les périodes hivernales aux pôles, lorsque la température descend en dessous de zéro degré. L'épaisseur de la glace peut atteindre deux mètres pendant les hivers les plus froids.

SON RÔLE

La banquise joue un rôle capital dans l'équilibre climatique de la Terre en réduisant les échanges d'humidité et de chaleur entre l'atmosphère et les océans.

FORMATION DE LA BANQUISE

Une fois la saison chaude passée, le froid de l'hiver s'installe progressivement. Cependant, parfois, cela se produit de manière brutale avec des températures très basses. La température à la surface de l'eau diminue également. Lorsqu'elle atteint -1,8 °C, les premières paillettes de glace apparaissent. Elles s'agglutinent alors lentement pour former une croûte qui se solidifie. Lorsque la surface est gelée, la banquise devient épaisse, atteignant parfois jusqu'à 2 m. Elle se transforme alors en un bloc compact qui recouvre une très vaste étendue.

MONTAGNES

ÉCOSYSTÈME

LES MONTAGNES, QUI SONT DE GRANDES ÉLÉVATIONS DU SOL, SE SONT FORMÉES À PARTIR DE DIVERSES CAUSES GÉOLOGIQUES. ELLES INFLUENCENT CONSIDÉRABLEMENT LE CLIMAT DE NOTRE PLANÈTE.

MONTAGNES DU MONDE

Les montagnes sont présentes sur tous les continents et certaines sont plus remarquables que d'autres en raison de leur taille. Parmi les massifs montagneux les plus importants, on peut mentionner le Grand Caucase, en Russie et en Géorgie. En France, le mont Blanc culmine à 4 809 m. En Afrique, le Kilimandjaro, en Tanzanie, avec 5 895 m et le Mont Kenya, avec 5 199 m, sont des volcans éteints. En Asie, l'Himalaya et la chaîne du Karakoram sont les plus élevés du monde. La chaîne de l'Alaska est la plus haute chaîne de montagnes d'Amérique du Nord, tandis que la Cordillère des Andes domine le sud du continent.

ORIGINE

La formation des montagnes est causée par des phénomènes naturels, tels que l'activité volcanique ou les mouvements tectoniques. Ce relief influence la majorité des éléments géographiques environnants, notamment les précipitations et l'écoulement des cours d'eau vers la mer. Les montagnes plus élevées reçoivent généralement plus de précipitations. Dans ces zones, on trouve souvent des écoulements d'eau, comme des torrents et des rivières, qui peuvent être utilisés pour la production d'électricité.

UTILITÉ

Les montagnes fournissent entre 60 % et 80 % de l'eau douce de la planète. De grandes villes telles que New York, Melbourne et Tokyo en dépendent pour leur approvisionnement en eau. En outre, elles contribuent à l'alimentation en eau de plus d'un milliard de personnes dans le monde.

ÉCOSYSTÈME

OCÉANS

LES OCÉANS SONT DE VASTES ÉTENDUES D'EAU SALÉE QUI SÉPARENT LES CONTINENTS ET COUVRENT PLUS DE 70 % DE LA SURFACE DU GLOBE.

LES OCÉANS

Les océans représentent 97 % de toute l'eau présente à la surface de la Terre. Ce sont l'océan Arctique, l'océan Atlantique, l'océan Indien, l'océan Pacifique et Austral. Leur formation résulte de longs processus géologiques s'étendant sur des millions d'années, aboutissant à la création de rifts, envahis ensuite par les eaux de pluie, de rivières et de mers. Les océans se distinguent des mers par leur taille plus importante.

CARACTÉRISTIQUES

Les fonds océaniques présentent une grande variété de reliefs. Certains fonds marins sont traversés par des chaînes de montagnes sous-marines atteignant entre 3 000 et 6 000 m de profondeur, comme dans le bassin pélagique. Les fosses sous-marines, quant à elles, peuvent atteindre jusqu'à 10 000 m de profondeur, comme la fosse des Mariannes. Les océans fournissent jusqu'à 70 % de l'oxygène de la planète et absorbent plus de deux milliards de tonnes de CO_2 produits par les activités humaines. Plus de 230 000 espèces marines y vivent.

FLEUVES

ÉCOSYSTÈME

LES FLEUVES SONT DES COURS D'EAU NATURELS QUI SE DÉVERSENT DANS UN OCÉAN OU UNE MER. LES PLUS GRANDS SONT LE NIL ET L'AMAZONE.

CARACTÉRISTIQUES

Généralement, un fleuve se jette dans une mer ou un océan, il se caractérise par sa longueur et son débit, souvent plus élevé que celui des autres cours d'eau. Les eaux des fleuves proviennent de ruisseaux et de rivières, leurs principaux affluents. La profondeur des fleuves peut considérablement varier. Par exemple, le fleuve Congo, avec sa profondeur de 250 m, est le plus profond du monde.

LES FLEUVES

Notre planète regorge de fleuves. Parmi eux, le Nil est considéré comme le plus long du monde. Au Brésil, l'Amazone détient le record du débit le plus élevé. Les autres grands fleuves sont le Danube, en Europe de l'Est, le Mississippi, aux États-Unis, le Yangzi Jiang en Chine, le Saint-Laurent au Canada et le Tage, dans la péninsule ibérique. Il existe également des fleuves souterrains, comme le Sac Actun, dans la péninsule du Yucatan, qui est le plus long de son genre.

UTILITÉ

Les fleuves sont souvent situés à proximité des villes et parfois, les traversent. Dans tous les cas, les fleuves jouent un rôle majeur dans le développement des activités humaines. En Égypte, par exemple, la ville du Caire s'est construite sur les rives du Nil.

LES CULTURES

Imaginez un monde où chaque coin de rue vous offre une nouvelle langue à entendre, une tradition inédite à découvrir et des histoires fascinantes à écouter. C'est le monde merveilleux des cultures que nous allons explorer ensemble dans cette section !

La culture est comme un trésor qui se transmet de génération en génération. Elle se trouve dans les danses traditionnelles, les chants, les vêtements colorés, les fêtes et les célébrations. Chaque culture est un reflet de l'histoire et de l'identité d'un peuple, et il y a beaucoup à apprendre et à admirer !

Nous allons voyager à travers les langues du monde, certaines, douces et mélodieuses, d'autres plus rapides et rythmées. Nous découvrirons comment les gens expriment leur foi à travers différentes religions, chacun avec ses propres croyances et ses lieux sacrés. Et n'oublions pas la cuisine ! Chaque pays a ses propres saveurs et spécialités, des épices chaudes de l'Inde aux sushis délicats du Japon.

Dans cette partie, nous allons célébrer la diversité qui rend notre monde si riche et intéressant. Alors, ouvrons nos esprits et nos cœurs, et partons à la découverte des merveilleuses cultures qui colorent notre monde !

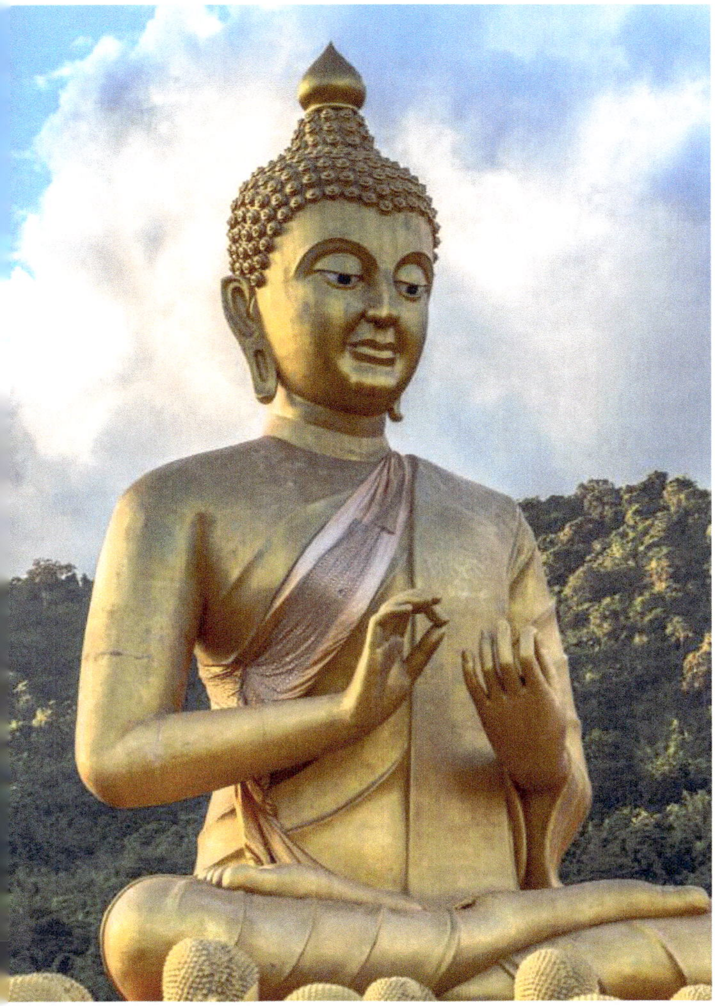
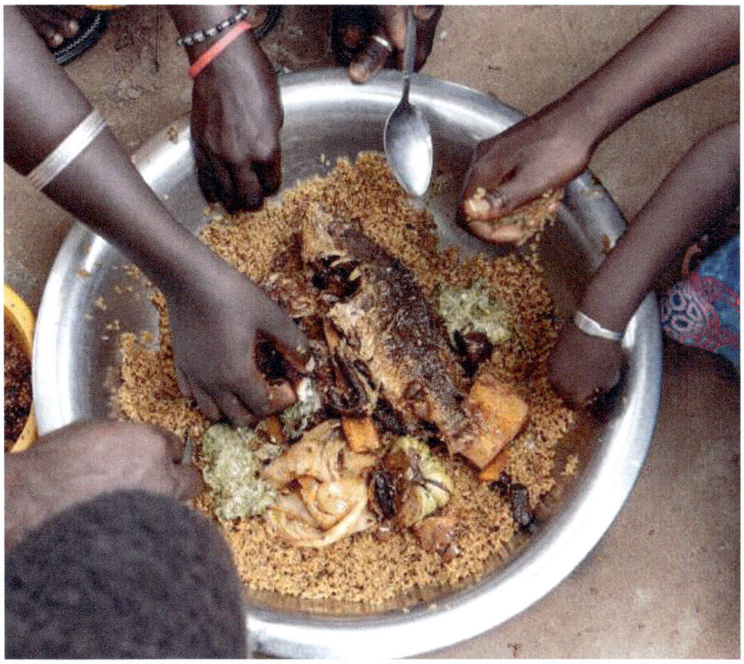
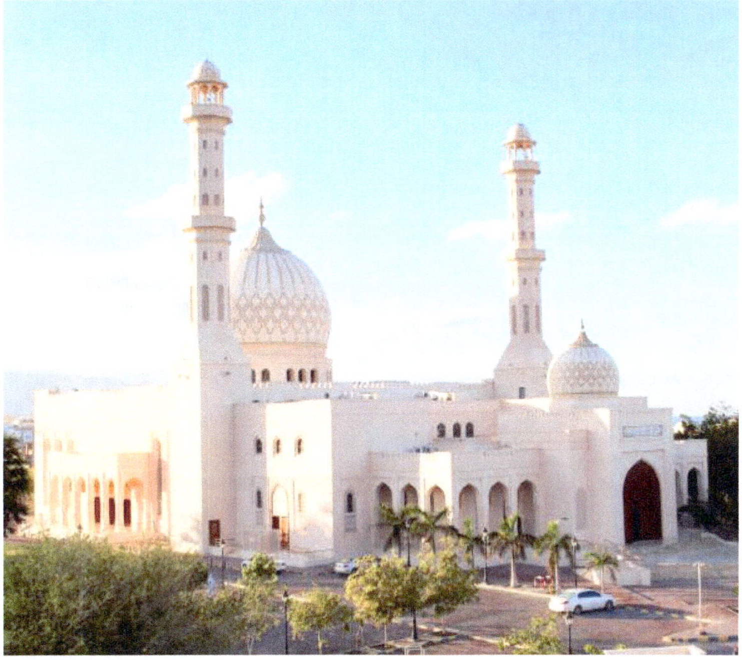
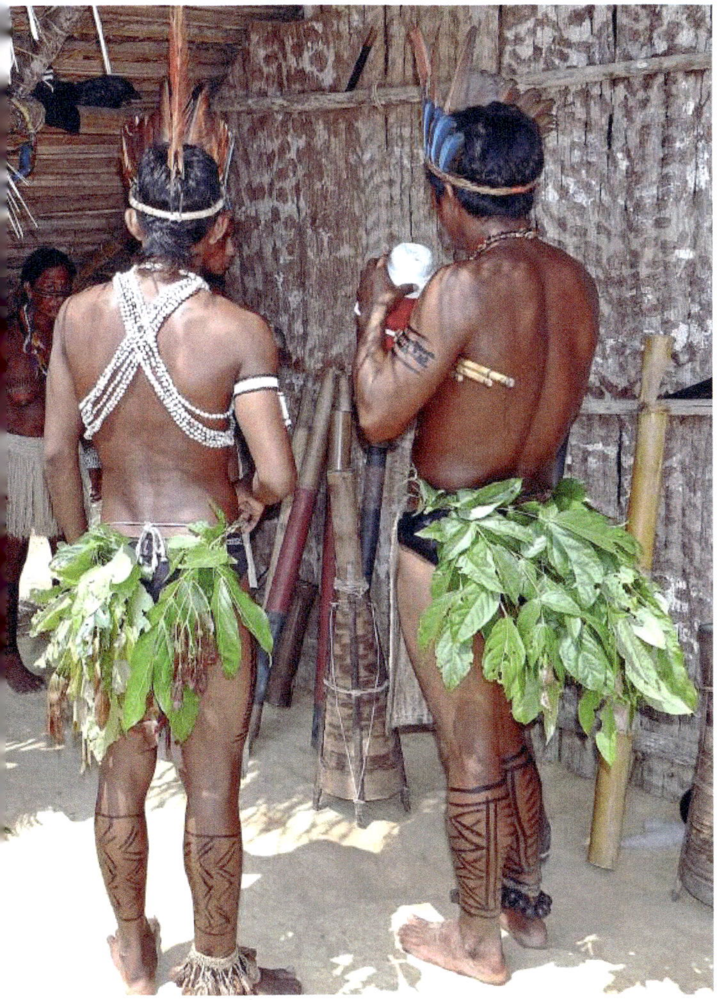
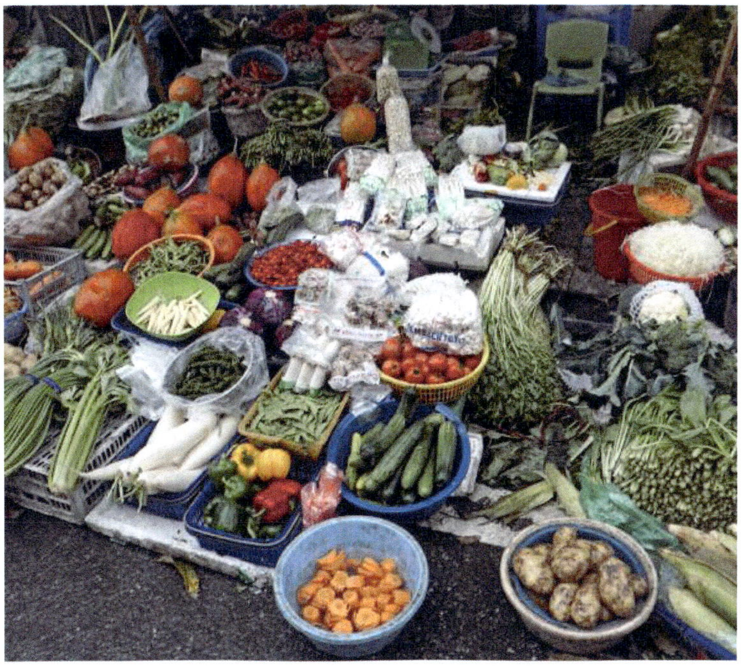

CULTURE

TRADITIONS

LES TRADITIONS SONT UN ENSEMBLE DE RÈGLES, PRATIQUES ET HABITUDES QUI CARACTÉRISENT UN PEUPLE OU UN GROUPE HUMAIN. ELLES VARIENT DONC SELON CHAQUE GROUPE.

DIVERSES TRADITIONS

À travers le monde, chaque groupe d'individus a ses traditions, qu'il s'agisse des Pygmées de la forêt gabonaise ou des Mayas, en Amérique centrale. La tradition repose sur des valeurs, des croyances et des légendes, parfois anciennes de plusieurs siècles, qui sont transmises de génération en génération.

LES TUJIAS

Chez le peuple Tujia, en Chine, il existe une tradition curieuse. Selon celle-ci, en effet, la jeune fiancée doit pleurer chaque jour pendant une heure au cours du mois précédant son mariage. Ces pleurs sont une expression de joie et non de tristesse.

LA TRADITION DE NOËL

En France, comme dans plusieurs pays d'Europe, le réveillon de Noël se passe traditionnellement en famille. C'est l'occasion de se réunir autour d'un repas copieux et d'ouvrir les cadeaux déposés au pied du sapin, soit le soir du réveillon, soit le jour de Noël. Sous les tropiques en Afrique, où le temps est bien plus clément, Noël se célèbre dans une ambiance festive, dans les restaurants et sur les places publiques.

CUISINE

CULTURE

LA CUISINE ENGLOBE TOUTES LES TECHNIQUES ET ASTUCES UTILISÉES POUR CUIRE LES ALIMENTS. ELLE VARIE D'UN PAYS DU GLOBE À UN AUTRE.

LES PLATS ÉPICÉS

Même si les épices ne plaisent pas à tout le monde, les plats épicés sont présents dans la plupart des cuisines. Aux États-Unis, par exemple, il y a les chicken wings, des ailes de poulet enduites d'un mélange de piment tabasco et d'autres piments écrasés. En Corée, le bibimbap avec du kimchi est un plat de riz, de viande et de légumes sautés, le tout assaisonné d'oignon, d'ail, de gingembre et de piments. On peut aussi citer le tom yum, de Thaïlande ou les crevettes créoles, spécialité des Caraïbes.

UNE VARIÉTÉ

La cuisine varie d'un pays à l'autre, étant étroitement liée à la culture locale, au climat et à la disponibilité des denrées. Cette diversité culinaire est marquée à travers le monde. Au Canada, on apprécie la traditionnelle poutine et le pâté chinois. L'Allemagne est célèbre pour ses plats à base de pommes de terre et sa charcuterie, tandis que la France se distingue par ses fromages et sa délicieuse quiche lorraine. Sans oublier le Maroc, dont le plat emblématique est le couscous.

LE SUSHI JAPONAIS

Le sushi est l'un des plats principaux du Japon. Il se compose de riz mélangé à du vinaigre, auquel on ajoute ensuite du poisson ou des fruits de mer. Le sushi s'est répandu dans le monde entier avec l'expansion des restaurants japonais hors des frontières nippones.

CULTURE

LANGUE

LA LANGUE EST UN ENSEMBLE DE SIGNES PERMETTANT À UN GROUPE DE PERSONNES DE COMMUNIQUER ENTRE ELLES. ELLE VARIE D'UN GROUPE À UN AUTRE. ON ESTIME QU'IL EXISTE ENTRE 3 000 ET 7 400 LANGUES DANS LE MONDE.

HISTOIRE

Il est difficile de déterminer précisément à quel moment l'homme a commencé à parler. Selon les scientifiques, l'homme de Néandertal, qui a vécu il y a environ 70 000 ans, était capable d'émettre clairement certains sons, contrairement à son prédécesseur, l'Australopithèque. On estime que le langage humain serait apparu entre 50 000 et 30 000 ans avant Jésus-Christ. Il est également supposé que les hommes préhistoriques ont pu communiquer à l'aide de signes.

RÉPARTITION

À l'échelle mondiale, l'anglais est la langue la plus parlée avec plus de 1,4 milliard de locuteurs. Soixante-sept pays ont adopté l'anglais comme la langue officielle. Il est suivi par le mandarin chinois, parlé par environ 1,12 milliard de personnes et l'hindi, la langue indienne, qui compte plus de 600 millions de locuteurs. L'espagnol, avec plus de 500 millions de locuteurs, devance le français, en cinquième position, parlé par environ 270 millions de personnes et langue officielle de 29 pays. Viennent ensuite l'arabe, le bengali, le russe et le portugais.

RELIGION

CULTURE

LA RELIGION DÉSIGNE LES CROYANCES ET TOUTES LES PRATIQUES D'UN GROUPE EN RELATION AVEC L'ENTITÉ (OU LES ENTITÉS) QU'ILS CONSIDÈRENT COMME SUPRÊME.

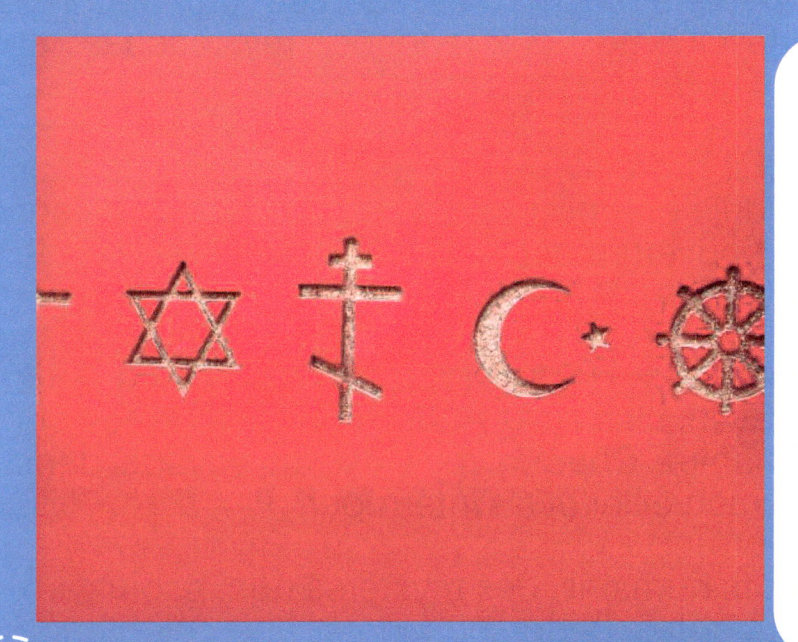

ORIGINE

La religion serait apparue avec l'élévation du niveau de conscience et d'intelligence des hommes. En observant la nature, ils ont supposé qu'elle était l'œuvre d'un ou de plusieurs êtres spirituels. Des dieux associés au ciel, à la terre, aux eaux, au feu, entre autres, ont été imaginés pour expliquer les mystères que l'homme peinait à comprendre. Malgré tout, cette notion de respect et d'hommage pour ces esprits est toujours présente.

LES RELIGIONS

Il existe plusieurs religions dans le monde, mais toutes n'ont pas la même importance en termes de nombre d'adhérents. Le christianisme est la religion principale, avec environ 2,4 milliards d'adhérents, suivie de l'islam et ses 2 milliards de fidèles. Viennent ensuite l'hindouisme avec 1,16 milliard de fidèles, le bouddhisme avec 507 millions, l'animisme avec 430 millions, le sikhisme avec 27 millions et le judaïsme avec 14 millions.

L'IRRELIGION

Elle désigne une opinion ou une pensée philosophique fondée sur le refus de tout culte religieux. Cette tendance concerne plus d'un milliard de personnes à travers le monde et est présente sur tous les continents.

FAITS ÉTONNANTS

Préparez-vous à être éblouis, car nous entrons dans un monde où l'extraordinaire est ordinaire et où chaque page révèle quelque chose de surprenant et d'incroyable ! Cette section est dédiée aux records époustouflants, aux histoires fascinantes, aux légendes mystérieuses et aux faits marquants qui rendent notre monde si passionnant.

Saviez-vous qu'il existe un lac si profond qu'il pourrait engloutir la tour Eiffel tout entière ? Avez-vous déjà entendu parler d'animaux qui brillent dans le noir ou de plantes qui peuvent manger des insectes ? Le monde est rempli de phénomènes qui défient notre imagination.

Nous allons explorer des histoires de courage et d'aventure, des légendes anciennes qui ont traversé les âges et des faits historiques qui ont changé le cours de l'humanité. Chaque récit est un voyage dans l'incroyable, une invitation à s'émerveiller et à s'interroger.

Des records naturels aux exploits humains, des mystères non résolus aux découvertes scientifiques étonnantes, cette section est une célébration de tout ce qui est inhabituel et extraordinaire dans notre monde. Alors, ouvrez grand vos yeux et votre esprit, car vous êtes sur le point d'entrer dans le royaume des faits les plus étonnants de la Terre !

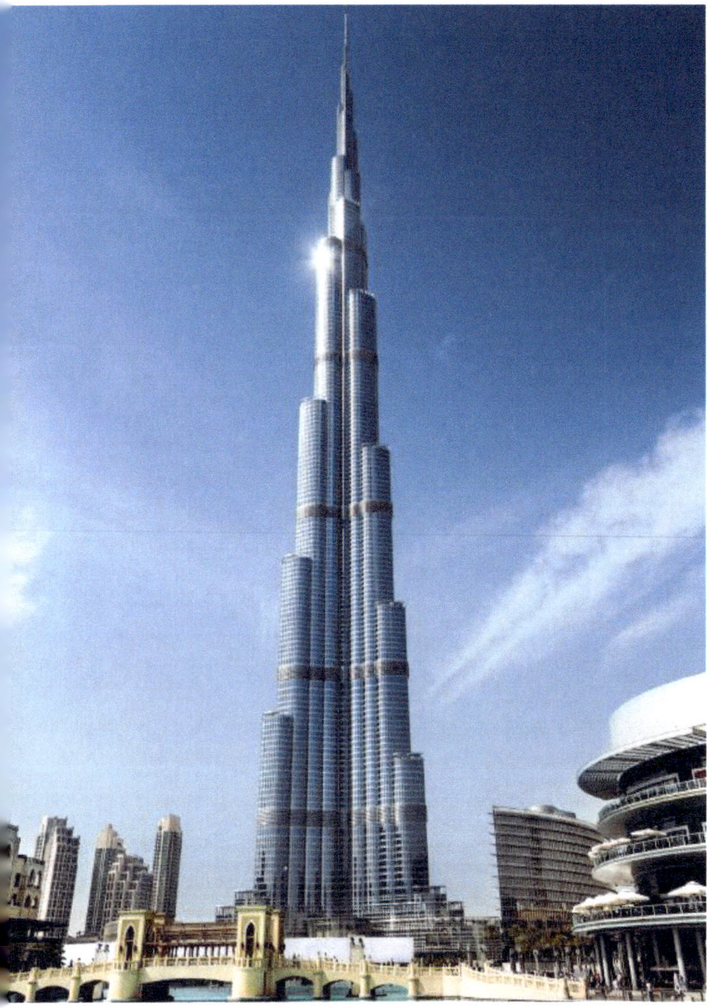

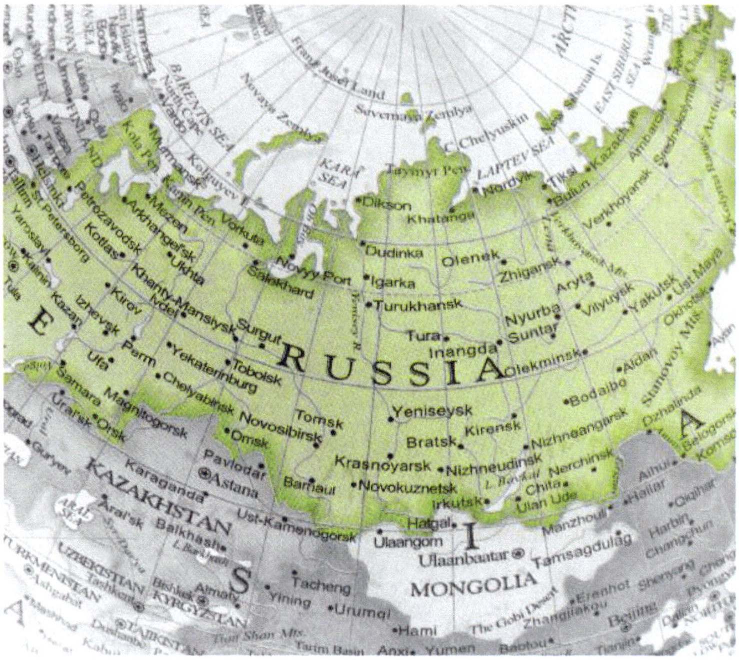

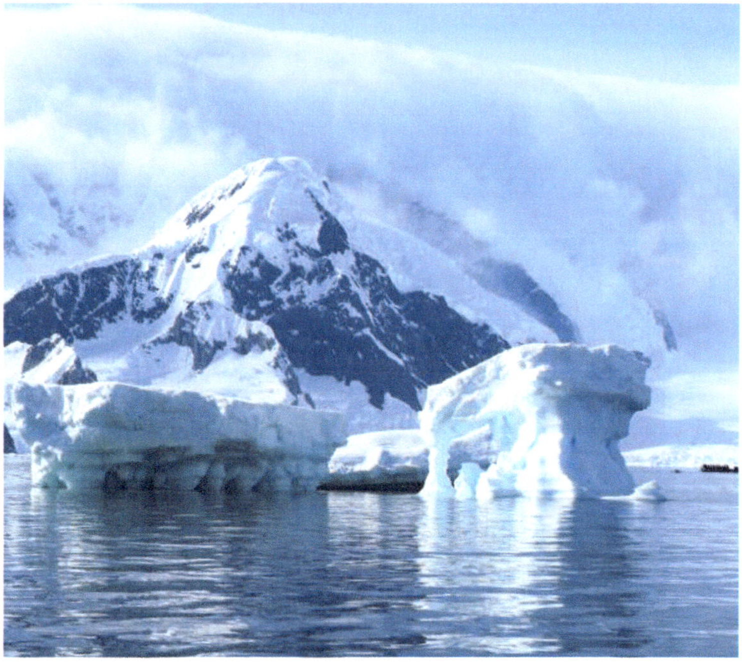

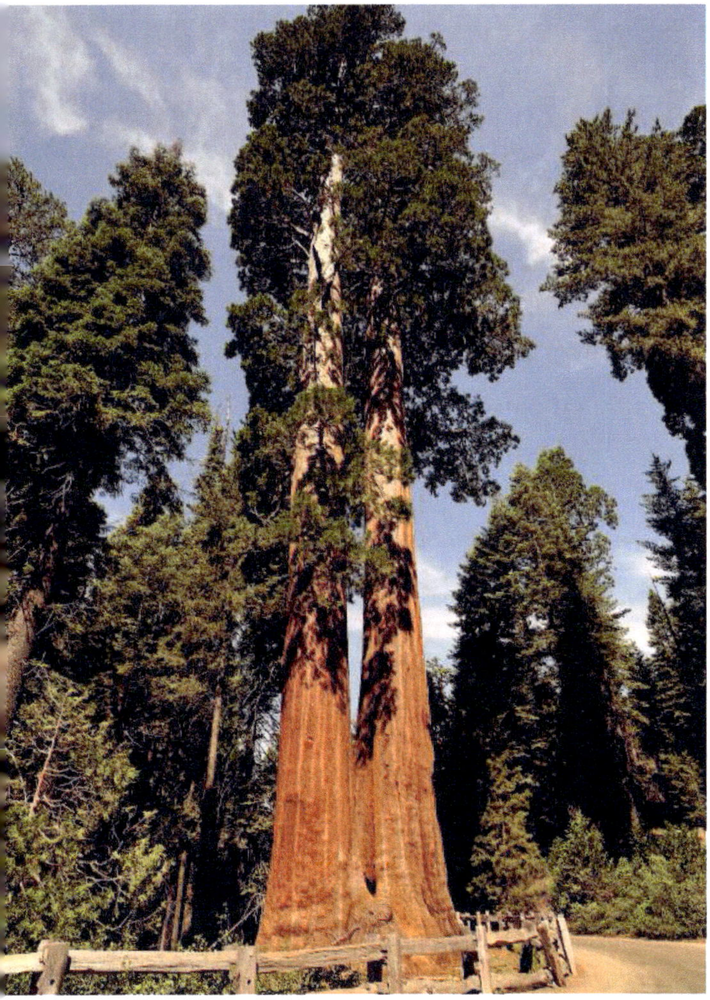

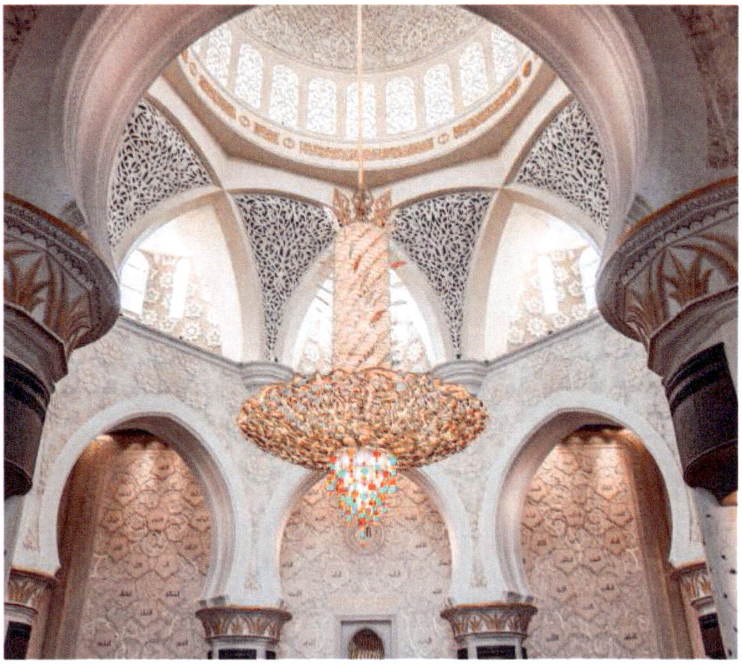

L'EVEREST GAGNE EN HAUTEUR

Vous connaissez le mont Everest, le plus haut sommet du monde, situé en Asie ? Eh bien, sa hauteur n'est pas fixe. En effet, en raison des mouvements tectoniques, cette montagne de la chaîne de l'Himalaya augmente chaque année de quatre millimètres en moyenne. Cela signifie que dans quelques années, les données concernant la hauteur de cette montagne vont évoluer.

LES LACS DU CANADA

Le Canada, l'un des pays les plus vastes du monde, est situé en Amérique du Nord, au nord des États-Unis. Mais son aspect le plus remarquable est qu'il compte plus de lacs que tous les autres pays du monde réunis, avec plus de 2 millions de lacs. Cependant, tous ne sont pas aussi facilement accessibles. En effet, pour atteindre certains de ces lacs, il faut marcher longtemps sur des sentiers escarpés à travers les forêts. En outre, chacun de ces lacs présente des caractéristiques uniques.

LA LIBYE, UN DÉSERT

La Libye, un pays arabe situé au Maghreb, en Afrique, fait partie des territoires traversé par le Sahara, le grand désert africain. Le pays couvre une superficie totale de 1 759 540 km² et sa population est estimée entre 6 et 8 millions de personnes. Il est intéressant de noter que la Libye est presque entièrement désertique. En effet, le désert du Sahara occupe plus de 90 % de sa superficie, ce qui explique son climat principalement désertique.

PIGEONS DE L'ARMÉE FRANÇAISE

Il est indéniable que les progrès techniques ont considérablement facilité les communications, notamment dans le domaine militaire. Pour les militaires, communiquer est essentiel et stratégique, pouvant être déterminant pour la survie. L'armée française, par exemple, conserve un moyen de communication plutôt surprenant : les pigeons voyageurs. Il s'agit d'un escadron de 200 pigeons, capables de transporter des messages d'un point à un autre. Ce mode de communication, utilisé durant la Première Guerre mondiale, a joué un rôle crucial en sauvant 194 soldats encerclés par l'ennemi.

PYRAMIDES DU SOUDAN

Tout le monde connaît et admire l'Égypte pour ses impressionnantes pyramides, ces magnifiques édifices construits à l'époque des pharaons. Cependant, un autre pays africain, le Soudan, possède deux fois plus de pyramides que l'Égypte. Âgées de plus de 2 500 ans, ces pyramides ont été construites par les Koushites le long du Nil, dans le but de résister aux pillages fréquents de l'époque. Malheureusement, les pyramides soudanaises n'attirent que 800 000 touristes par an, contrairement à l'Égypte, qui accueille environ 13 millions de visiteurs.

LA PLANTE ÉTONNANTE

Chaque jour révèle son lot de surprises. La baleine bleue, connue comme le plus grand animal au monde, peut atteindre jusqu'à 30 m de long. Cependant, une récente découverte en Australie, dans la baie de Shark, a révélé l'existence de l'organisme le plus long du monde. Des océanographes y ont trouvé une plante aquatique exceptionnelle, la plus longue jamais observée. Cette plante, qui se développe par clonage depuis environ 4 500 ans, s'étend sur 180 km de long et recouvre une surface équivalente à celle de 20 terrains de rugby.

VILLE EN L'AIR

Les États-Unis ne sont pas l'un des pays les plus densément peuplés au monde, même si leur population s'élève à plus de 300 millions d'habitants. Ce qui est remarquable, c'est la densité du trafic aérien. En effet, des centaines d'avions circulent dans le ciel américain à tout moment de la journée. Les statistiques révèlent que, à chaque instant, environ 61 000 personnes sont en vol, un chiffre qui dépasse la population totale de Bastia, en Corse.

LA MER MORTE

Quand on parle des mers de la planète, la mer Morte est souvent mentionnée. Mais pourquoi l'appelle-t-on "mer Morte" ? La principale raison est son taux de salinité extrêmement élevé, environ 10 fois supérieur à celui des autres mers, avec 300 g de sel par litre d'eau. Cette salinité exceptionnelle rend l'environnement inhospitalier pour la faune et la flore ; aucune espèce animale ou végétale ne peut y survivre. De plus, il est déconseillé de se baigner longtemps dans la mer Morte, car cela peut affecter l'organisme. Il existe également un risque de brûlures aux yeux si l'on plonge la tête sous l'eau.

L'ESPACE FAIT GRANDIR

L'espace a toujours fasciné l'humanité et suscité la curiosité. En effet, il est rempli de surprises. Par exemple, dans l'espace, les astronautes voient leur taille augmenter de plus de 3 %. Cela peut représenter une augmentation de 4 à 5 cm par rapport à leur taille normale. Ce constat a été fait sur les astronautes de la station spatiale internationale. Le phénomène est causé par l'absence de gravité : dans l'espace, les vertèbres se détendent et s'étirent, n'étant plus soumises à la gravité terrestre, ce qui entraîne une augmentation de la taille. Toutefois, cet effet est temporaire et se résorbe quelques mois après leur retour sur Terre.

JOAS, ROI À 7 ANS

Joas est un roi mentionné dans la Bible, ayant régné sur le royaume de Juda de l'an 835 à 796 avant Jésus-Christ. Orphelin de père dès son plus jeune âge, Joas est caché par sa tante jusqu'à l'âge de 7 ans. C'est à cet âge que son oncle, un grand prêtre, organise son accession au trône, en renversant Athalie, sa grand-mère, qui le croyait mort. Sous la tutelle de sa tante et de son oncle, Joas a posé des actes marquants pendant son règne. Il a été assassiné à l'âge de 46 ans, après 39 ans de règne.

LA GLACE AU PÔLE NORD

Le pôle Nord est une zone de la planète où les températures sont parmi les plus basses. Ainsi, en hiver, la température moyenne est de -34 degrés Celsius, tandis qu'en été, elle avoisine zéro degré. Une des particularités du pôle Nord est l'absence de terre solide au sol ; en effet, il n'y a que de la neige et de la glace. Contrairement aux autres continents, on n'y trouve pas de sol composé de sable ou de terre.

LE PYCNOGONIDE

Les fonds marins abritent plusieurs milliers d'espèces aquatiques, dont certaines présentent des modes de vie ou des caractéristiques exceptionnels. C'est le cas du pycnogonide mâle, un petit animal de quelques centimètres, semblable à une araignée et appartenant à la classe des arthropodes chélicérés. L'aspect surprenant de cet animal est que c'est le mâle qui porte les œufs. À cet effet, il dispose d'une paire de pattes spécialement adaptée pour transporter ses œufs jusqu'à leur éclosion.

CONCLUSION

Félicitations, cher(e) explorateur(trice) du monde, pour ce voyage extraordinaire à travers les pages de notre encyclopédie de géographie. Tu as maintenant une compréhension incroyable du monde qui t'entoure.

La géographie est comme une fenêtre magique qui te permet de voir les merveilles de notre planète. Tu as découvert les continents, les montagnes, les océans, les déserts, les villes et bien plus encore. Tu as rencontré des cultures fascinantes, des langues différentes, et tu as appris à apprécier la richesse de la diversité de notre monde.

Mais ce n'est qu'un début. La géographie t'invite à continuer à explorer, à poser des questions et à devenir un citoyen du monde engagé. N'oublie jamais que la Terre est notre unique maison, et nous avons la responsabilité de la protéger.

Alors, que ton amour pour la géographie continue à grandir, que tes rêves d'exploration t'emmènent vers de nouveaux horizons et que tu contribues à rendre notre monde meilleur pour tous. Bonnes aventures à toi, jeune explorateur(trice), et à bientôt pour de nouvelles découvertes passionnantes !

Jenna Smith

MERCI POUR VOTRE ACHAT

EN CADEAU

**Nous vous offrons
5 livres pour enfant**

~~49€~~ 5 LIVRES OFFERTS

Recevez gratuitement 5 e-books pour enfant
en scannant le QR code ci-dessous :

Ou en tapant l'URL ci-dessous :
www.editionjfm.fr

Nous sommes une petite maison d'édition. N'hésitez pas à nous laisser un commentaire sur Amazon pour nous aider à nous faire connaître !

Votre avis compte pour nous.   ☆☆☆☆☆   **Vous pouvez nous laisser un commentaire.**

Pour compléter votre collection JennaSmith, vous pouvez scanner le QR code ci-dessous :

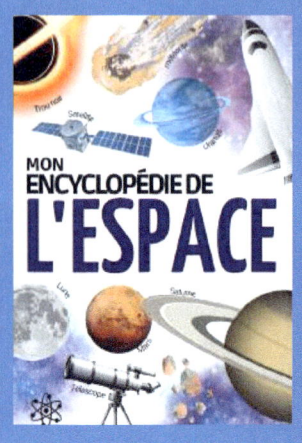

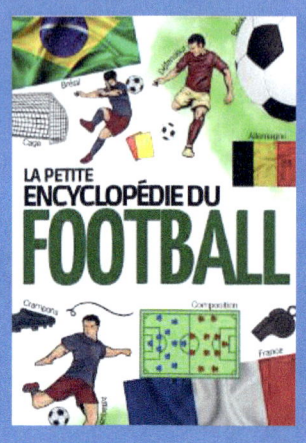

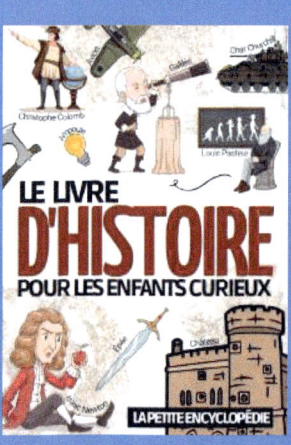

©2024 JennaSmith Tous droits réservés. Aucune partie de ce livre ne peut être reproduite et distribuée sans la permission écrite de l'éditeur.

Printed in France by Amazon
Brétigny-sur-Orge, FR